独立董事制度对大股东掏空抑制的比较制度实验研究

曲　亮　张智敏　谢静含 著

浙江工商大学 出版社
ZHEJIANG GONGSHANG UNIVERSITY PRESS

·杭州·

图书在版编目(CIP)数据

独立董事制度对大股东掏空抑制的比较制度实验研究/曲亮，张智敏，谢静含著. — 杭州：浙江工商大学出版社，2023.2

ISBN 978-7-5178-5401-2

Ⅰ. ①独… Ⅱ. ①曲… ②张… ③谢… Ⅲ. ①上市公司－股东－企业管理－研究－中国 Ⅳ. ①F279.246

中国国家版本馆 CIP 数据核字(2023)第 039379 号

独立董事制度对大股东掏空抑制的
比较制度实验研究
DULI DONGSHI ZHIDU DUI DA GUDONG TAOKONG YIZHI DE
BIJIAO ZHIDU SHIYAN YANJIU

曲　亮　张智敏　谢静含 著

责任编辑	谭娟娟
责任校对	都青青
封面设计	云水文化
责任印制	包建辉
出版发行	浙江工商大学出版社
	（杭州市教工路 198 号　邮政编码 310012）
	（E-mail:zjgsupress@163.com）
	（网址:http://www.zjgsupress.com）
	电话:0571－88904980,88831806(传真)
排　　版	杭州朝曦图文设计有限公司
印　　刷	杭州高腾印务有限公司
开　　本	710 mm×1000 mm　1/16
印　　张	12.25
字　　数	193 千
版 印 次	2023 年 2 月第 1 版　2023 年 2 月第 1 次印刷
书　　号	ISBN 978-7-5178-5401-2
定　　价	49.00 元

前　言

在当今市场经济和全球化环境下,企业治理问题日益受到关注。企业治理问题不仅影响着公司的长期发展,而且涉及广泛的社会利益。在企业治理结构中,独立董事制度作为重要的监管机制之一,被越来越多的公司所采用。

独立董事制度与大股东掏空行为是当今中国公司治理领域中备受关注的热点问题。在过去的几十年里,中国的经济发展取得了巨大的成功,与此同时,一些公司却出现了大股东掏空的问题。这种问题给股东、债权人、员工和社会带来了严重的损失,破坏了市场秩序和公平竞争环境,也给中国企业在国际舞台上的声誉带来了负面影响。为了加强公司治理,中国引入了独立董事制度,旨在保护中小股东和公司的整体利益,维护市场的公平公正和透明。然而,该制度在实践中仍然存在许多问题和挑战,例如独立董事如何确保其独立性、明确其权利和责任等。因此,如何进一步完善独立董事制度、有效遏制大股东掏空行为,是当前中国公司治理领域亟待解决的重要问题。

本书以探究独立董事制度对大股东掏空抑制的作用为主线,旨在深入分析独立董事正式制度与非正式制度的存在对大股东掏空抑制的影响及治理效果,深入分析独立董事制度与大股东掏空行为的本质和关联性,探讨独立董事制度的现状、问题及未来发展趋势,并提出相应的建议和措施,为抑制大股东掏空行为、提升独立董事监督积极性提供参考建议,并为中国公司治理提供一定的借鉴与参考。本书的目的在于为读者提供一个更加全面、深入的理解独立董事制度的视角,以及加强对于独立董事制度的应用和推广所带来的积极影响的认识。

本书首先介绍了独立董事制度和大股东掏空行为的概念、历史背景和现状,接着对独立董事的权利和责任,以及独立董事制度的监督和约束机制进行了详细阐述。在此基础上,本书利用博弈分析方法为后续实验检验构建了理论模型,重点探讨了独立董事制度对大股东掏空行为的影响路径,以及独立董事制度存在的问题和挑战,包括独立性、专业能力、责任承担等,进而提出了完善独立董事制度的建议和措施。同时,本书还通过康美药业财务欺诈案对大股东掏空行为展开拓展讨论与研究,并基于独立董事声誉视角,探究独立董事声誉机制对大股东掏空行为的影响,研究表明独立董事声誉机制可以显著抑制大股东掏空行为。

本书主要面向企业治理、证券投资、法律、会计等领域的学者、研究人员、从业人员及公司高层管理人员等。希望本书能够为广大读者关于企业治理及独立董事制度的研究和实践提供一定的帮助。

在本书的撰写过程中,笔者借鉴了国内外学者在该领域的研究成果,并结合了自己的理解和实践经验,深入剖析了独立董事制度在大股东掏空抑制方面的意义与价值。在此,笔者要向所有给予帮助的人表示衷心感谢,其中特别感谢研究生万雨佳(承担了第七章"拓展讨论与研究"的部分撰写工作,累计撰写约 12000 字)和研究生李缘(承担了第八章"结论与展望"的部分撰写工作,累计撰写约12000 字)的付出。

本书的顺利出版离不开浙江工商大学出版社的大力支持和帮助,在此向浙江工商大学出版社表示最诚挚的感谢和敬意。

祝愿各位读者在阅读本书时,能够从中获得有益的知识和启示,并热烈欢迎各位读者提出宝贵的意见和建议,以不断完善本书内容。

目　录

第一章 绪 论

第一节 研究背景

一、现实背景

保证资本市场的健康稳定对监管者提出了维护市场秩序、不断完善投资者保护制度的具体要求。大股东掏空是代理问题转变而引发的公司顽疾,大股东掏空上市公司、侵害中小股东利益的行为在国内外都不鲜见。2016 年 11 月 29 日,新华网、新浪网、东方财富网等多家主流媒体发布消息:上海家化更换董事长,刚刚卸任的董事长兼 CEO 谢文坚与前任董事长葛文耀被质疑掏空该企业;珠海中富近 10 年来 2 次更换控股股东,创始股东套现离场,公司总资产由峰值的 50 余亿元缩水将近一半。这些企业衰败的根源便是大股东的轮番掏空。

由于大股东掏空具有严重的经济后果(Jiang et al.,2010),若大股东掏空问题长期得不到解决,资本市场的正常秩序就不可能真正建立起来,制度化建设也就无从谈起。针对这一公司治理主要矛盾,监管机构引入独立董事制度,以期在董事会中形成一股独立于公司内部人、代表全体股东利益的新力量,对控制性股东形成有效的制衡。

二、理论背景

近些年,独立董事制度对于大股东掏空行为是否具有有效的抑制作用仍被质疑。许多学者认为,我国的独立董事制度自 2001 年正式建立至今,并没能充分发挥预期作用(黄志忠等,2009;Annuar et al.,2015)。目前,上市公司大股东违规非法占用公司资金的情况时有发生,甚至有些独立董事还因此受到惩罚。独立董事在大股东掏空这一问题上是否能够真正发挥作用? 如何促使独立董事有效发挥作用? 这些问题受到各界人士关注。

在独立董事的履职过程中,其独立性会受到现实履职情境中的多种因素的考验和侵蚀。譬如,独立董事候选人和大股东之间存在所谓的"地缘""学缘""商缘"等社会关系,而独立董事的选聘和履职建立在这些关系基础之上,那么独立董事形式上的独立性就可能存在缺陷,而实质上不具有独立性的独立董事就成了所谓的"花瓶独立董事"。独立董事的提名来源、任期都可能影响其独立性,普遍存在的独立董事兼任问题近年来也饱受争议,在独立董事监督过程中究竟是降低信息不对称性比较重要,还是提高独立性更为紧迫? 此外,独立董事的声誉制度也是独立董事有效发挥作用的一大保障,声誉制度能够约束独立董事勤勉尽责地监督股东和管理人员,避免公司内部合谋控制的发生(宁向东等,2012;Fich et al.,2007;Firth et al.,2016)。在发达国家,独立董事大多为具有一定声望的管理人员,一般来说,他们大多具有丰富的专业知识和管理经验,能够为企业的长远发展出谋划策。为了避免声誉损失、赢得赞誉,独立董事往往会提高工作的勤勉度,不论是监督功能还是咨询功能方面。但也有研究发现,在我国,声誉制度只能促使独立董事避开违规事件,对于独立董事监督行为的激励作用非常微弱。

监管政策变迁多年,为什么仍不能彻底根治掏空顽症? 大股东提名独立董事,并干涉其续聘程序,是否正是这一层关系的存在使得独立董事监督疲软,令大股东越发肆无忌惮? 而声誉制度又对此过程起着怎样的影响? 声誉制度究竟是"杀虫剂"还是独立董事中"蛀虫"繁育的温床? 这些都是本书试图解答的问题。

第二节 研究意义与创新点

一、理论意义

(一)运用博弈理论和实验方法,突破传统研究范式

国内外学者就独立董事监督机制有效性和大股东掏空问题做了大量富有成效的研究,但是这些研究多是基于经济学理论对独立董事特征、比例之于大股东掏空行为的影响进行分析,运用博弈理论进行数学推理证明的研究并不多见。在现有的博弈分析中,以独立董事与大股东作为博弈双方的研究尤其罕见,且大多运用的是经典博弈理论,即假设现实中的博弈参与方都是完全理性的,但在现实生活中,很难有人达到完全理性。此时,可以利用实验方法,便于我们进一步观察决策双方的行为偏好。如果说以往的博弈模型和实验为我们分析监督效率的影响机理提供了基准条件(结构设置),那么引入不同的制度设置不仅可以更好地刻画现实的独立董事机制发挥作用的情形,后续还能够比较不同的制度安排、制度组合对独立董事监督意愿的提升作用及对大股东掏空行为的抑制作用,便于监管机构、企业对这些进行有选择的优化。

(二)全新方法测度独立性,弥补现有研究空缺

在公司选聘独立董事时,独立董事可能与公司高管和大股东存在千丝万缕的社会关系,如我国上市公司聘请同一地域的独立董事,地缘上的关联和人际关系网络可能会损害独立董事形式上的独立性。独立董事的监督信念和监督力度会受到董事会会议的具体安排及其他人为因素的影响,再影响到实际的履职效率。实质上,不具有独立性的独立董事就会成为所谓的“花瓶董事”。现有的文献和监管政策主要关注的是独立董事在形式上的独立性,而实质上的独立性由于识别和

判定困难,在研究和监管中呈现出较为模糊的状态。本书利用实验方法确定当独立董事与大股东之间没有形式上的联系时,是否会由于选聘制度的设置(提名制度、任期制度、兼任制度)而使得独立董事实质的独立性受到影响。

(三)偏好性声誉研究,改变切入视角

声誉是独立董事保持独立性的重要因素,其有助于独立董事拒绝与大股东合谋等短视行为而追求长期利益。然而,现有研究大多强调了声誉制度对独立董事所带来的物质利益,却忽略了声誉制度的心理作用。目前关于独立董事声誉的研究集中在独立董事声誉制度的建立、声誉制度的优缺点、声誉对于独立董事的激励作用等方面。在衡量独立董事声誉时,常采用独立董事所任席位数简单相加的方法,但这一衡量方法的科学性有待考量,并且席位数的增多更多是彰显声誉还是忙碌也引起了学界的讨论。

心理学领域的研究表明,个体追求声誉、地位的行为既出于获取权力和物质利益的考量,同时还是一种内生的社会本能(Huberman et al.,2004)。因此,独立董事注重声誉既可能是为了追求长期利益,也可能是为了追求声誉提升所带来的愉悦感或降低声誉损失所导致的挫败感(Bergh et al.,2010)。这种独立董事为满足心理愉悦而非获取物质利益而追求声誉的机制被学者称为偏好性声誉制度(李建标等,2015)。现有研究大多忽视了偏好性声誉,尽管行为科学领域的大量研究表明个体更关注的是这类声誉需求(Huberman et al.,2004;Bergh et al.,2010)。本书将声誉这一影响因素纳入独立董事监督机制的设计中,以分析独立董事是否会"为了面子"进行更强有力的监督。

总的来说,本书基于以前学者的研究,结合我国的特殊国情,全方位、多维度地分析不同的独立董事机制设计下,独立董事对大股东的监督信念、大股东的掏空力度及最终的监督效率。这样既能够为解决上市公司大股东掏空问题、完善独立董事制度提供一定的参考,也能弥补现有研究方法的一些缺憾,从新的角度剖析独立董事监督决策过程。

二、实际意义

(一)模拟独立董事职能行使现状,找出监督失灵环节

我国上市公司普遍存在一个掌握着实际控制权的大股东,控股股东对其他小股东利益的剥夺问题是我国公司治理中的主要问题(La et al.,2000;宁向东,2005;Huang,2017)。同时,大股东掏空还是使上市公司陷入财务困境,进而造成资金链断裂的一个重要原因。因此,研究上市公司的大股东掏空问题可为解决企业资金链断裂问题开辟一条新的途径。由于大股东掏空行为对上市公司和中小股东利益的重要影响,以及上市公司在整个国家经济体系中的特殊地位,从宏观角度来说,研究大股东掏空行为的目的就是探索此类问题的形成原因与内在经济机理,寻找解决途径,实现提高我国上市公司质量的目标,并以此为基础保障我国资本市场持续、健康、快速地发展。

独立董事肩负着弥补监事会监督不足的重任,其"董事"身份决定了其在董事会决策过程中拥有参会和决策的权利,但是信息不对称性、监督的风险性使得独立董事在具体权责的行使上面临着两难选择:是更多地站在保护中小股东利益的立场上对大股东行为进行监督,还是视若无睹甚至与大股东合谋谋取私利?控制得当的实验就像是现实中独立董事监督大股东掏空行为的一个缩影,其是一个加快了数倍又缩小了数倍的实例。在此过程中,我们可以得到现有的独立董事制度是否在最初的选聘环节就已经"失灵"的证据。

(二)声誉制度建设改进,提升独立董事监督效力

我国独立董事的主要职责之一就是代表中小股东对控股股东的经营行为进行监督。但独立董事制度自引入我国以来,一直备受争议,相关学者对于独立董事是否能有效监督大股东掏空行为这一问题的研究并没有得出一致的结论。大多数研究只关注了独立董事的群体效应,没有关注不同机制下独立董事的个体效应,视角的更换也有可能导致对独立董事监督作用的评价出现一定偏颇。此外,

除了传统的薪酬水平、薪酬结构外,利用声誉制度来激励独立董事履行监督职责的做法也较为常见,而独立董事责任险制度虽然在国内提得不多,但在国外已经有相对成熟的实践基础。本书以行为决策实验所获得的数据为基础,研究独立董事制度是否能够有效抑制上市公司大股东的掏空行为,并具体分析当大股东控制独立董事选聘过程,实施外部声誉奖惩时,独立董事的监督效力与大股东掏空行为分别会受到怎样的影响。同时,根据研究结果,本书提出若干参考建议,如加快引入独立董事责任险制度以提高独立董事履职的积极性,助力完善我国上市公司治理结构和治理环境,杜绝违规欺诈、虚假陈述等一系列行为发生。

第三节 研究内容与框架

本书的研究目的是了解独立董事正式制度与非正式制度的存在对大股东掏空的影响及治理效果。为考察独立董事与大股东的博弈过程及其结果,本书构建了涉及大股东、独立董事与外部监管者这三类局中人的博弈模型,求出基准设置下的博弈均衡解——双方以自身利益最大化为目标的博弈均衡解,并在此基础上引入独立董事选聘制度、独立董事声誉制度,利用组合制度实验来对比分析了不同机制组合下,独立董事行为的变化及其对大股东掏空的影响。本书在国内外文献基础上提出研究假设,设计研究模型;结合文献与现实情况,提取独立董事提名制度、任期制度、多重兼任制度及声誉制度的关键特点,将其演变为实验情境,同时整理在多场实验中得到的数据,并运用 Excel 和 SPSS 软件对收集到的样本进行描述性统计,得到浅层次的研究结论;进行回归分析,检验书中提出的假设,验证研究模型。基于假设验证情况得到结论,为抑制大股东掏空行为、提高独立董事监督积极性提供参考建议。

在图 1-1 研究框架的基础上,将本书分为八章。

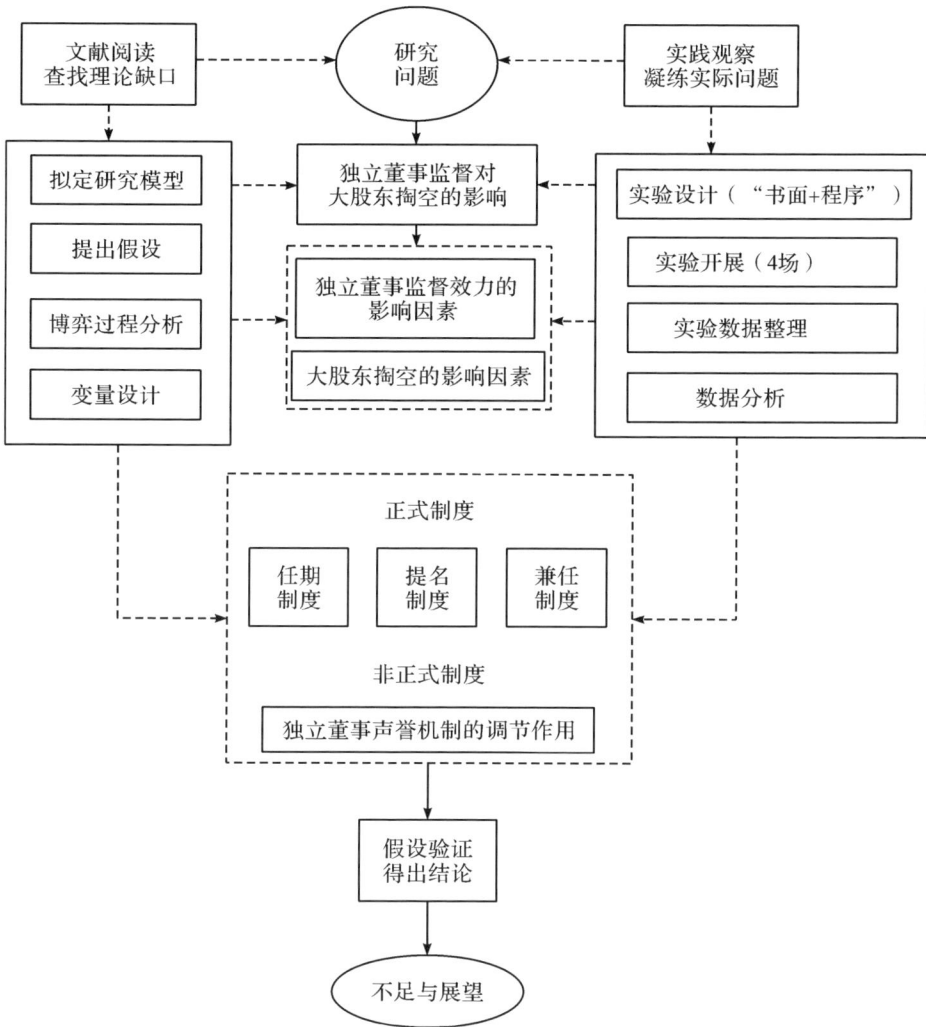

图 1-1 研究框架

第一章为绪论，提出本书研究独立董事机制与大股东掏空治理效应的背景、意义（从理论意义和实践意义两方面展开说明，创新点也在这部分被提出），并归纳了本书的研究框架、主要研究内容和研究方法。

第二章是理论基础和文献综述，这一章回顾了与研究问题相关的理论，并针对这些年来国内外关于大股东掏空的内外部治理机制，独立董事监督行为，独立董事提名制度、任期制度、多重兼任制度及声誉制度方面的研究成果进行梳理、总结与评述,明确现有研究的进程,并找到研究缺口,指出本书研究的必要性。

第三章是理论假设与模型构建,通过其推导各个变量之间的关系,明确独立董事的选聘制度是否会通过影响独立董事监督行为而对大股东掏空行为构成影响,并推导独立董事声誉制度能否调节这一影响,最后提出假设并画出模型。

第四章是实验设计与研究假设,对大股东干涉独立董事选聘过程影响独立董事监督行为与大股东掏空行为的这一过程进行概述,提炼出博弈步骤,再根据对文献的梳理及现实情况的观察,进行科学严谨的实验设计。

第五章为实验结果分析,利用 Excel、SPSS 对通过实验收集到的数据进行初步整理和描述性分析,然后进行数据回归分析与数据稳健性检验。

第六章为实验结论与建议。从数据分析结果中得出实验结论,从提高独立董事监督积极性、抑制大股东掏空行为出发,向企业、监管部门提出针对性建议。

第七章为拓展讨论与研究,通过康美药业案例和实证研究对独立董事制度进行进一步探究。

第八章为结论与展望,总结本书的结论,阐述后续的研究方向。

第四节　研究方法

一、文献分析法

本书利用 CNKI、EBSCO、JSTOR 等文献检索平台收集、整理、分析大量与大股东掏空问题相关的研究成果,结合博弈论、委托代理理论,通过对第二类委托代理问题及控制权私有收益问题进行分析,得知:第一,大股东掏空问题普遍存在于我国上市公司内部;第二,大股东掏空问题的治理机制涵盖内部和外部两个层面,其中独立董事制度被认为应当承担重要的治理作用,但其是否如预想中那样生效仍存在争议。通过对大股东掏空治理机制、独立董事监督效力、独立董事职能发挥的激励机制相关文献进行梳理,基于社会认知理论和社会交换理论发现:独立董事的选聘制度可能正是导致其监督职能难以得到有效发挥、助长大股东掏空行为的主要原因,进而提出本书的研究视角;独立董事选聘制度对独立董事监督职能发挥的抑制作用及对大股东掏空行为的正向影响会受到声誉制度的负向调节。

二、实验研究法

本书运用实验经济学研究范式,采用最吻合假设条件、干扰条件最小化的实验环境检验模型的适应力。2012 年,美国博弈论、实验经济学专家阿尔文·E. 罗斯荣获诺贝尔经济学奖;而早在 2002 年,实验经济学开拓者、美国经济学家弗农·洛马克斯·史密斯就因"通过实验室试验进行经济相关分析(其中市场机制尤以为甚)"荣获当年的诺贝尔经济学奖。实验经济学的活力与魅力可见一斑。实验经济学借助价值诱导原理使得实验环境能够成功诱导出参与人的真实偏好和行为特征,并利用并行性原理确保实验室证据能够解释现实生活中人们的行为。通过改变实验设置,可以个体理性、偏好和博弈结构(制度)对个体行为产生影响。基于实验兼有行为博弈的特点(根据结果可以推断人类的行为规律或选择偏好,以及比较制度实验的特点)可知,不同的实验室微观制度下个体的行为差异,并说明制度影响,总结现象产生的制度原因。本书运用环境控制、价值诱导、信念提取等实验技术,确保数据的信效度。例如,本书调整了已有的独裁者博弈框架,选择实验和委托代理实验程序,考察当大股东干预独立董事选聘时,独立董事和大股东的决策差异,并创新设置了独立董事声誉这一因素,运用无干预、激励条件下的信念抽取方法,考察正式的选聘机制和非正式的外在机制冲击下独立董事观念改变情况。

三、博弈分析与理论建模

这场博弈中涉及多个行为主体,如大股东、独立董事和其他监管者,大股东和独立董事的利益是相互关联的,他们的行为过程和行为方式相互影响、彼此依赖。因此,我们利用博弈论的方法构建了涉及大股东、独立董事、监管者 3 类局中人的博弈模型,刻画了独立董事和大股东之间的利益与行为关系。为了便于实验操作,本书针对独立董事的监督力度和大股东的掏空力度分别设定 3 个离散值,推导出基准博弈的纳什均衡;利用博弈分析方法为后续实验检验构建理论模型,并依据理论均衡提出假设。洪永淼(2007)总结道,形式化能将理论逻辑表达清晰,有助于后续的实证检验。本书试图在独立董事选聘机制影响、声誉制度假设下,推导独立董事监督偏好和大股东掏空行为的特征,预测不同机制下独立董事监督大股东掏空行为的影响路径。

四、计量分析法

对实验数据的处理和分析需要使用计量分析法。从本质上看,实验也是一种经验研究方法,其试图运用实验手段生成数据,运用统计计量工具对数据进行分析。本书的研究是对实验计量学的一个应用,其在理论分析的基础上,运用计量经济学固定效应模型对理论分析结果进行验证。首先是实验方案的设计,选取大股东财务困境、掏空行为及董事会治理特征的衡量指标;其次依据所提假设,构建计量经济学回归模型;最后利用实验得到所需的各项数据,对数据进行预处理。我们采用卡方检验的方法,检验独立董事在各个监督力度、大股东在各个掏空水平上的选择是否均匀分布,从而证实独立董事是否更多地选择某一个监督水平、大股东是否更多地选择某一个掏空水平。我们采用配对样本检验的方法,对不同实验设置(2 个治理实验分别与基准实验比较)下参与者的行动选择或信念选择分别进行配对检验,从而探究不同设置下独立董事和大股东的策略选择是否会发生显著变化,然后代入回归模型进行检验并得出结论。

第二章 理论基础和文献综述

第一节 大股东掏空的相关研究

一、大股东掏空概念界定

大股东是指在公司股权结构中,拥有半数以上表决权的股东,也称为绝对控股股东。随着公司股权的分散化,持股未达到半数以上的相对控股股东也能有效地控制公司董事会及公司的经营行为。现在市场上所说的大股东大多都是相对控股股东,他们不再单纯强调比例,而更注重对公司的控制权。现有文献中存在"大股东""控股股东""第一大股东"等说法,结合《上市公司章程指引》及 La et al.(2002)、窦炜等(2011)的研究结论,本书将大股东界定为控股股东,并将控股股东定义为持有公司相对较高股份(30%以上),或者虽然在数量上没有达标却能够对公司起到实质控制的股东。

控股股东可以通过创造或转移公司的财富来获得利益。在创造财富时,控股股东从改善管理的一般价值提升中获益,这被称为激励效应。而在进行财富转移时,控股股东通过剥夺少数股东的利益获得私人利益,这被称为隧道效应(Shleifer et al.,1986;Johnson et al.,2000)。大量实践表明,在法律保护薄弱的新兴市场,控股股东通过"掏空"这一手段从少数股东手中榨取私利(La et al.,1997、1999、2000;Chang,2003)。自控股股东的这一行为被识别以来,学界对此展开了多角度、深层次的研究。

Morck et al.(1988)将掏空定义为由具有高控制权和低现金流权的经理所管理公司的资产价值的下降。La et al.(2000)引入"掏空"概念来描述控股股东从公司和共同基金中剥夺资产。2002年,大多学者将掏空更具体地定义为控股股东在将剩余价值作为股息分配之前将公司利润转移给自己的活动。这种转移可以采取工资、转移定价、补贴个人贷款等形式实现。本章在此基础上将控股股东掏空定义为控制性股东转移公司财产和利润从而侵害中小股东利益的行为。大股东掏空行为不仅仅侵害了中小股东利益,也会影响企业的正常经营发展,导致企业价值降低(Jiang et al.,2010),阻碍社会资源的合理配置。

我国资本市场发展时间较短,上市公司也多由国有企业与家族制民营企业改制而来,普遍存在"一股独大"甚至"一股独霸"等股权集中度较高的现象,控股股东也因此可以操控董事会的决策及企业经营管理者的行为。Shleifer et al.(1986)将控股股东为获得个人利益而进行财富转移的行为称为"掏空",由于此类行为大多隐蔽而复杂,也被形象地称为"隧道行为"(Tunneling)。本书在此基础上将"大股东掏空"定义为大股东为谋取私利,利用其控股地位转移公司资产,侵占中小股东利益的行为。

二、大股东掏空动机的相关研究

对于诱发大股东进行掏空行为的动机研究,主要可分为股权结构、内部公司治理及外部监督监管3个方面,对于存在绝对控股大股东的上市公司,被掏空的情况越严重(赵国宇等,2019),而大股东股权分散情况下他们更能相互制衡(王运通等,2017);如果公司的内部治理结构不完善,"一股独大"的大股东更能降低其他股东在公司治理中的话语权,导致内部治理机制的失效(马超,2019),对负责企业经营的经理人而言,独立型经理人可进行有效监督,一体型的经理人反而会更加刺激大股东展开掏空行为(刘少波等,2016);此外,外部政府监管不力与法律制度的薄弱、不完善也会诱发大股东实施非法侵占行为(郭孟竺等,2018)。

Johnson et al.(2000)和 LLSV(2002)暗示控股股东的股权会影响其掏空行为,但没有经验证据支持这一理论猜想。李增泉等(2004)以关联交易作为大股东掏空的代替变量,考察在民营企业和国有企业中,大股东掏空行为是否存在差异,同时通过对沪深 A 股上市公司 2000—2003 年披露的关联交易数据进行分析,发现在民营企业中大股东掏空情况更严重,进一步研究股权制衡对大股东掏空的影响,发现第一大股东持股比例与大股东掏空行为之间存在非线性回归关系,即随着第一大股东持股比例的上升,大股东掏空现象会越来越严重,此时大股东主要扮演"窃取之手"的角色,而当大股东持股比例达到一定水平之后,大股东跟公司的利益逐渐趋同,大股东转变为扮演"扶持之手"的角色,从而导致对上市公司的掏空行为减少。前者为壕沟防御效应,后者为利益协同效应。但李婉丽等(2008)认为,当公司的控股股东拥有较高比例的股权时,他们采取措施掏空上市公司的动机会相应地减弱。Chen et al.(2017)基于控制权转移事件研究了中国控股股东持股比例与大股东掏空行为的动态因果关系,发现控制股东持股比例与大股东掏空行为之间呈"N"型关系(倾斜—递减—倾斜),关系中至少存在 2 个转折点。同时,控股股东持股比例在 34.46%—39.01%(8.99%—18.04%)之间的上市公司表现出最大(最小)的掏空力度。

也有学者发现掏空行为与控股股东持股比例之间的关系不稳定,部分原因在于大股东的股权结构等特征是静态的,而大股东的掏空动机却是动态变化的,因此有学者指出其掏空行为可能还受到时间、上市公司财务状况、经营效率等动态因素的影响(Xi et al.,2006;Bai et al.,2008),因此他们选择了一种动态视角刻画大股东掏空动机。Peng et al.(2011)参照 Friedman et al.(2003)的模型(平衡状态下控股股东根据不利冲击的程度和私人控制权的大小来选择掏空或支持他们所在的上市公司),利用中国的数据进行测试发现,当上市公司财务状况良好(处于财务困境)时,其控股股东更有可能通过关联交易掏空(支撑)其上市公司,并且市场对这些交易的公告反应不利(有利)。严继超等(2014)等基于 LLSV 研究范式的视角,将大股东与中小股东间的关系概括为 4 种——掏空为主、掏空、支持为主、支持,并且绝大多数证据表明掏空为主和掏空是主要的关系。

对大股东掏空动机的研究梳理情况见表 2-1。

表 2-1 大股东掏空动机的研究梳理

作者	年份	影响因素	研究结论
Riyanto et al.	2004	股权结构	面对基于金字塔式的股权结构,大股东更能实现对公司的控制
汪菲	2014		当股东拥有一定数量的股份却并没有实际控制公司运营状态时,就会谋求"隧道挖掘"的机会
Chen et al.	2017	股权结构、企业规模	控制股东持股比例与大股东掏空行为之间呈"N"型关系,董事会持股比例与大股东掏空行为之间呈现显著的负相关关系,企业规模与大股东掏空行为之间呈显著的正相关关系
Dyck et al.	2004	大股东掌握的控制性资源规模和面对的税收压力	大股东掌握的控制性资源规模越大、面对的税收压力越大,其掏空的能力越强,动机也越强
郑国坚	2014	大股东股权、质押	当大股东股权被质押或冻结时,更容易侵占上市公司的利益
Claessens et al.	2002	两权分离度(控制权/现金流权)	控制权与现金流权之间的差异会引发隧道活动,从而降低企业价值
Lins	2003		当大股东的现金流与控制权分离时,大股东从正常渠道获得的分红远低于其通过金字塔式的层层控制所能获得的私人收益,因此大股东更有掏空动机
俞红海等	2010		
侯晓红	2006	上市公司经营业绩	当上市公司经营遇到困难时,大股东会降低掏空程度;若经营业绩远远劣于大股东的期望水平,大股东就会产生强烈的掏空动机
王冀宁等	2006	上市公司投资机会	当上市公司的投资机会较多时,大股东将获利的重心由对控制权私有收益的补偿转换为投资利润的获取,掏空行为得到抑制
侯晓红等	2008	上市公司资产利润率	当上市公司总资产利润率小于 -3.14% 或高于 42.76% 时,大股东表现出掏空行为,且上市公司盈利能力越强,则大股东的掏空程度越高;当上市公司总资产利润率介于二者之间时,大股东掏空程度与上市公司总资产利润率呈负相关关系
Peng et al.	2011	上市公司财务状况	当上市公司的财务状况优良时,大股东更倾向于采取措施掏空上市公司;相反,当上市公司陷入财务危机时,大股东一般会给予上市公司一定的支持
连燕玲等	2012	经济危机	当发生经济危机时,大股东会更多地扶持公司,减少对公司的掏空行为

大股东掏空行为不仅侵害了中小股东的利益,还容易导致企业资金链断裂

（刘为权,2017）、经营绩效下降（李妍锦等,2016）,严重时还会阻碍资本市场的健康发展（陈艳丽等,2020）。对此的治理对策研究一直备受关注,国内外学者针对诱发动机提出了相应的治理机制。陈艳丽等（2020）提出应促进上市公司制定相对平稳的现金股利政策,制衡的股权结构能在一定程度上抑制大股东掏空行为的负面影响。丁振松（2021）发现,对大股东的监管不应仅仅局限于股权控制权,还应关注相对控股型公司中控股人的减持行为,因为这会降低掏空成本,从而加剧掏空状况。为制衡内部权力而诞生的独立董事也被给予监督厚望。周泽将等（2019）认为,独立董事的本地任职可显著抑制大股东的掏空行为;丁明发等（2020）也建议注重独立董事团队中的男女比例,肯定女性独立董事对大股东掏空行为的抑制作用。此外,税务机关的税收征管（王亮亮,2018）、媒体舆论的揭发（陈海生,2018）都具有一定的监督作用,可让大股东掏空行为有所收敛。

三、大股东掏空治理机制的相关研究

大股东占款现象的存在严重扰乱了资本市场秩序,抑制了投资者的积极性,成为资本市场良性发展的一大症结。目前关于大股东掏空的治理问题,国内外学者的研究主要集中于优化股权结构、完善独立董事及监事会的制度、加强外部监管等几个方面。

(一)外部治理机制

健全的法律法规是保障中小股东权益的基础。2006 年 12 月,中国证券监督管理委员会(以下简称证监会)通过《上市公司信息披露管理办法》,确保了中小股东对上市公司经营信息的知情权,加强了对大股东关联交易、过度投资、占用资金等掏空行为的监管。也有学者研究外部三方审计是否对大股东掏空行为具有治理效应。陈汉文等（2006）发现,大股东掏空行为越严重的公司,为了规避掏空行为被发现的风险,维护管理层声誉,对低质量审计的需求越强;进一步研究发现,由于大股东掏空行为会导致财务报表出现重大错报的风险提高,为了控制检查风险,审计人员越会谨慎出具审计报告,从而导致出具非标准审计报告的概率越大。

此时外部三方审计能明显抑制大股东掏空行为。

随着媒体在社会经济生活中的运用日益普遍,媒体的监督功能也受到学者的关注。李明等(2016)从媒体对社会经济生活的监督功能这一视角出发,研究媒体对大股东掏空行为的监督功能。他们通过对 2010—2012 年我国沪深 A 股上市公司的数据进行分析,发现负面的媒体报道能够显著抑制大股东掏空行为。一般情况下,由于上市公司具有信息披露责任,其信息将会展示在千千万万投资者、债权人、供应商、监管机构等利益相关者面前,大股东需要面对所有利益相关者的考验和监督。贾明等(2010)通过设定数学模型进行推导,发现金融中介、社会声誉、利益主体间的制衡效力等都可以用来有效规范大股东的掏空行为。

大股东外部治理机制的研究梳理情况见表 2-2。

表 2-2　大股东外部治理机制的研究梳理

治理手段	研究者	年份	研究内容
法律法规	La	1998	对投资者的法律保护是抑制大股东掏空行为的重要因素
	Djankov et al.	2008	提高对投资者的法律保护程度,特别是保护措施的落实可以减少大股东的控制权私利,有效阻止大股东掏空行为的发生
	吴育辉	2011	中小投资者的法律保护程度、公司成长性、大股东对公司的了解程度等都会影响大股东的掏空行为
市场竞争	Bai et al.	2004	当市场竞争较为激烈时,理智的大股东一般会选择停止掏空企业甚至支持企业
	高雷等	2006	产品市场竞争越激烈、投资者保护措施越完善、基金持股比例越高,越能有效监督和约束大股东掏空行为,从而导致大股东掏空行为越少
外部审计	陈汉文等	2014	外部第三方审计对大股东掏空行为具有明显的治理效应
媒体监督	李明等	2016	负面的媒体报道对大股东的掏空行为具有监督和震慑的作用,从而能够显著抑制大股东掏空行为

(二)内部治理机制

关于董事会治理结构对大股东掏空行为影响的研究中,大多数学者都提到了独立董事的重要性。20 世纪 90 年代,我国由西方引进独立董事制度,其主要目的是代表中小股东利益,为中小股东发声。2001 年,证监会进一步规定独立董事人数比例不得低于 1/3。其认为独立董事作为独立的第三方,能够对公司战略决策做出较为客观、公正的反应,同时由于独立董事自身具有的专业知识和行业背景,能够提高董事会决策的科学性。例如,Baranchuk et al.(2009)预测,当董事会里包含一些可以提供信息的董事时——即使他们与其他董事有利益冲突,董事会绩效还是会提高。

还有许多实证研究(如 Byrd et al.,1992;Nguyen et al.,2010)提供了支持独立董事对股东价值提升有利这一观点的证据。Bhagat et al.(2013)得出结论,在萨班斯法案(Sarbanes-Oxley Act,SOX 法案)颁布后,董事会的独立性与经营业绩之间存在显著的正相关关系。此外,Knyazeva et al.(2013)表明,在控制内生性问题上,他们利用当地董事人才库作为衡量董事会独立性的工具后,董事会独立性对企业价值和经营业绩产生了积极影响。我国学者王凯等(2016)搜集了2004—2014 年沪深 A 股上市公司独立董事的相关数据,研究发现独立董事针对大股东掏空行为具有显著治理效应,并不仅仅扮演"花瓶"的角色。

大股东内部治理机制的研究梳理见表 2-3。

表 2-3 大股东内部治理机制的研究梳理

治理机制	研究者	年份	研究内容
股权制衡	肖作平等	2007	当大股东持股比例较高时,中小股东会倾向于以更多的短期负债来约束控股股东的掏空行为
	吴红军等	2009	股权制衡可以抑制大股东掏空行为,改善公司绩效
	唐建新等	2013	
	郭志勇	2013	当前两大股东均为非国有性质时,如果是家族控股,大股东间容易出现合谋行为;如果不是,则易出现相互监督行为
	罗昆	2015	提高其他大股东的监督效率有利于抑制第一大股东的掏空行为;加大对第一大股东掏空行为的惩罚力度,有助于强化其他大股东对第一大股东的股权制衡
	Boateng et al.	2016	搜集 2001—2013 年在沪深 A 股上市的 2341 家中国企业的数据,研究发现,在保护投资者的配套措施较差的新兴市场环境中,多个大股东之间的股权制衡对大股东掏空行为具有积极的治理效应

治理机制	研究者	年份	研究内容
经理人影响	高雷等	2006	管理层持股比例越高、信息披露越透明,越能有效监督大股东,最终导致大股东掏空行为越少。但并没有发现独立董事占所有董事人数的比例、股权制衡和股权性质与大股东掏空行为之间存在明显的正相关或负相关关系
经理人影响	彭小平等	2011	大股东不熟悉公司日常事务,需要让渡一部分掏空收益以博得经理配合——容忍经理进行非正常的在职消费,开展后续掏空行为。但这侵蚀了大股东掏空收益,增加了掏空成本
经理人影响	Wang et al.	2011	
经理人影响	刘少波等	2016	不同类型经理人对大股东掏空行为的影响存在差异。独立型的经理对掏空行为的抑制作用最强,其次是依附型,而一体型会更加刺激大股东的掏空行为
独立董事治理	董志强等	2006	建立一个股东—独立董事—大股东的三层代理模型,分析论证了独立董事与大股东合谋的可能,给出了制定防合谋激励契约的建议
独立董事治理	叶飞洋等	2012	运用案例研究法捋顺小股东控制结构、控股股东利益合谋与掏空行为之间的关系,提出从制度环境、监管体制和声誉制度方面改善治理结构的建议
独立董事治理	陈家乐	2010	财务型独立董事人数占比越高,盈余管理水平越低;独立董事薪酬与盈余管理水平呈"U"型关系

第二节　独立董事制度的相关研究

一、独立董事概念界定

上市公司独立董事是指"不在公司担任除董事外的其他职务,并与其所受聘的上市公司及其主要股东不存在可能妨碍其进行独立客观判断的关系的董事"(证监会,2001)。《中华人民共和国公司法》(以下简称《公司法》)规定,股份有限公司设董事会,其成员为 5 至 19 人,其中独立董事至少占据 1/3。目前国内既在独立董事选择条件上进行限制,限定担任独立董事的人员的业务关系、亲缘关系,这些情形的规定使得独立性、客观公正性成为企业独立董事的关键特征,使其区别于董事会中的其他董事,也在其行使职权过程中做出限定,令其有效避免内部人员的干扰,从而为企业提供客观、准确,具有较高参考价值的独立意见。

"独立董事"的概念于 1940 年在美国颁布的《投资公司法》中被正式提出,有关独立董事的研究开端于 Jensen 和 Mecking 提出的委托代理理论(1976 年)。20 余年后,国内有关独立董事的研究随着证监会发布《上市公司章程指引》(1997 年)而崭露头角,直到 2001 年 8 月,证监会发布《关于在上市公司建立独立董事制度的指导意见》(以下简称《指导意见》),标志着我国上市公司正式实施独立董事制度。我国大部分的上市公司普遍遵循制度要求在董事会中设置了独立董事。但十几年的实践中,这项制度在保护中小股东利益、平衡大股东和管理层的权力及完善我国公司治理结构等方面的作用始终饱受争议。独立董事制度是否适用中国公司治理背景,独立董事制度能否有效发挥监督作用、保护中小股东利益,能否提高公司业绩等一系列问题随之而来。国内独立董事相关研究在 21 世纪兴起。

经过国内外学者 40 余年的研究,独立董事制度相关研究成果已较为丰富,涉及范围也较为广泛。在中国知网总库范围内检索"独立董事"(截至 2021 年 4 月),共有 2.9 万篇相关文献,涉及的主题包括公司治理、治理结构及企业对象(国有企业、民营上市公司、商业银行)、企业指标(关联交易、信息披露、盈余管理、内部控制)等。以往关于独立董事履职有效性的主流文献多倾向于分析独立董事专业背景、独立董事占比等个体特性与企业绩效、企业价值等结果变量之间的关系,然而并未得到普遍认可的一致结论。鉴于此,在原有研究范畴上,学者开始向外延伸分析独立董事制度运行机制、董事会内部运作、制度环境、股权集中度等对独立董事制度的影响;向内探究独立董事声誉制度、连锁网络、监督决策"黑箱"等。"独立董事"相关文献具体情况如图 2-1 和图 2-2 所示。

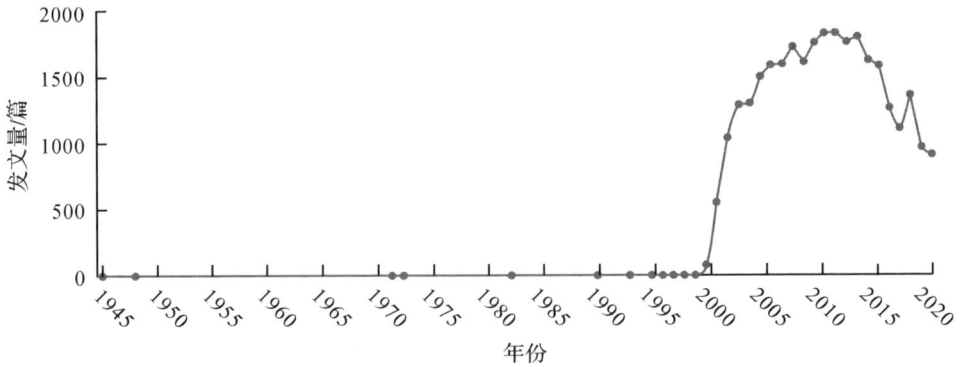

图 2-1 "独立董事"相关文献发表年度趋势图

数据来源:中国知网 2021 年 4 月数据。

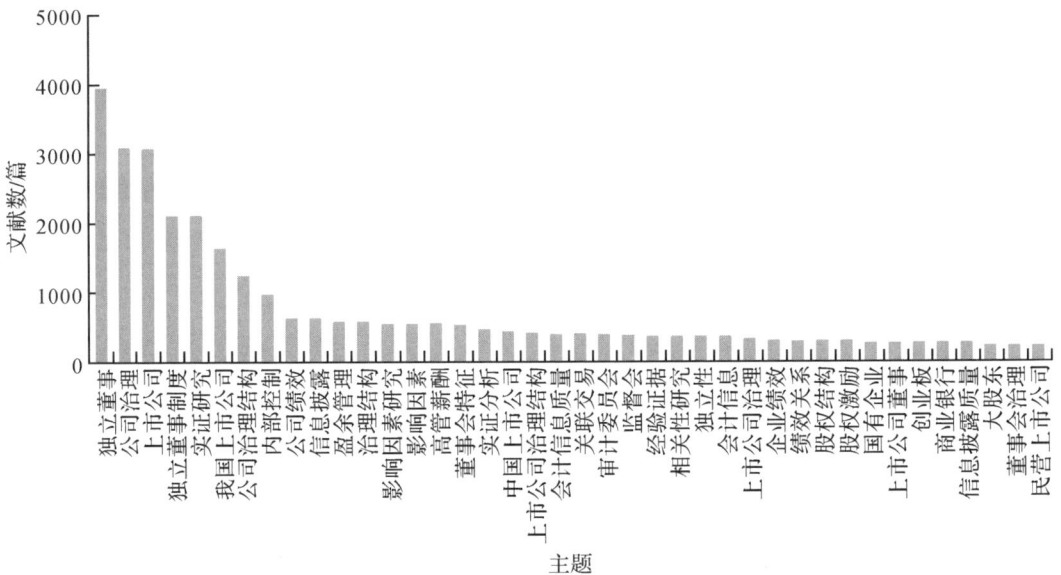

图 2-2 "独立董事"相关文献主要主题分布图

数据来源:中国知网 2021 年 4 月数据。

独立董事以"外部"监督者身份促成"内部"权力制衡,这对其专业能力、背景经验等具有较高要求,其自身具备的异质性特征也会较大程度地影响职能发挥的有效性。一直以来,学者都十分关注独立董事专业背景,包括法律、财务、政治、技术背景等。技术型独立董事可通过有效抑制管理层操控 R&D 费用,来提高盈余信息质量(胡元木等,2016);企业财务独立董事比例增加,可显著提高企业的风险承担水平(王晓丹,2021);具有海外背景的独立董事可有效优化咨询监督职能,降低企业债务融资成本(谢获宝等,2019)。除此之外,异地的独立董事受所拥有的学历背景特征驱动,地理距离对履职有效性的影响表现为"监督无效"和"咨询有效"(原东良等,2021);独立董事联结在应计盈余管理方面能显著发挥治理效应,在真实盈余管理方面却不能产生影响(陈汉文等,2019)。

独立董事作用的发挥不仅局限于个体特征,还受到制度本身的缺陷、机制运行环境等因素的影响。有别于英美国家,我国独立董事的提名与任命一般由股东和高管负责,即独立董事的选拔过程被控制,且公司大股东数量越多,越倾向于聘请更多的独立董事(陈险峰等,2021);当企业陷入激烈的行业竞争时,高管也更倾向于聘请"关系型独立董事"(黄俊等,2018)。履职过程中,独立董事的有效性会随任期的延长以边际递减的方式不断提高(陈冬华等,2017),但任期内的 CEO 也会降低独立董事的监督力度(Tim et al.,2014),并且 CEO 的任期越长,越可能阻碍独立董事监督效应的发挥(杜兴强等,2017)。在此情况下,独立董事持股使其更独立于管理层和大股东,并对第一类和第二类代理问题起到更好的治理效果(邓博夫等,2021),企业也可通过薪酬激励来提升监督效应,抑制企业违规行为,提升企业经营绩效(周泽将等,2021)。

独立董事部分文献梳理情况见表 2-4。

表 2-4　独立董事部分文献梳理

研究范畴	学者	主要观点
独立董事个体特征(专业背景、地理距离、社会网络等)	王晓丹(2021)	财务独立董事的比例与企业风险承担水平显著正相关;相比实务型财务独立董事,学术型财务独立董事的影响更大
	原东良等(2021)	地理距离对独立董事履职有效性的影响表现为"监督无效"和"咨询有效"
	陈汉文等(2019)	独立董事在应计盈余管理方面能显著发挥治理效应,在真实盈余管理方面不产生影响

续 表

研究范畴	学者	主要观点
独立董事机制运行（聘任、薪酬、连任、激励机制、职能衍生等）	陈险峰等（2021）	公司大股东数量越多,越倾向于聘请更多的独立董事;管理层会抑制大股东通过多聘请独立董事对管理层进行监督的行为
	周泽将等（2021）	独立董事薪酬激励显著抑制了企业违规行为,国有企业中该抑制作用更强;独立董事的薪酬激励制度对企业经营绩效具有显著提升作用
	邓博夫等（2021）	持股独立董事能更多地独立于管理层和大股东,更好地发挥监督职能,并对第一类和第二类代理问题起到更好的治理效果
	陈冬华等（2017）	从"学习效应"及"独立性效应"进行理论分析,实证发现独立董事的有效性随 CEO 任期的延长以边际递减的方式不断提高

资料来源:笔者整理。

二、独立董事正式制度与非正式制度

Maharaj（2009）指出,独立董事的有效性会在较大程度上决定董事会运作的有效性,无论是在正式制度框架还是在非正式制度框架下,独立董事制度都受到学界广泛关注。非正式制度与正式制度相对应。正式制度的实施目的是为人与人之间的互动提供一些稳定且可以预知的因素（蔡欣怡,2013）,即明确告诉行动者在某一特定情境下该采取的行动内容与行动方式（Powell et al.,1991;蔡欣怡,2013）,即一些法律条文规定。例如,2001 年证监会发布的《指导意见》增加了关于独立董事数量及其在董事会中所占比例等的硬性量化规定。与之相对应,非正式制度则是指一些"弹性更大的变量"（Berman,2001;Blyth,2002）,其影响独立董事制度的有效运作及独立董事开展工作的情况（包括行为和态度）。非正式制度通常出现在正式制度的推行者和适应性非正式制度的创造者拥有共同利益的地方（蔡欣怡,2013）。例如,2002 年发布的《上市公司治理准则》明确定位我国独立董事制度,这份文件指出独立董事要对上市公司和公司股东忠诚及敬业勤勉。它要求独立董事对上市公司的境况感同身受,坚决维护公司利益。对这些规定的描述属于对非正式制度的说明。

三、独立董事提名制度研究

董事会是现代公司治理的中枢机构,而独立董事会影响董事会和企业的整体效率(Adams et al.,2010),因此对独立董事提名主体、过程及偏好因素的探究是研究独立董事制度有效性的一个重要主题。本部分将对独立董事提名的相关制度进行梳理。

(一)独立董事提名人

由于区域及制度环境的影响,不同的国家对独立董事的提名有不同的规定。Olson et al.(2004)研究发现,有的国家可能会要求由公司的监管机构来寻找董事候选人。例如,Hoskisson et al.(2009)指出,在英国,上市公司董事会必须下设独立董事提名委员会,并且要求独立董事成员达到一定比例,甚至有的提名委员会成员全都由独立董事组成。美国规定必须设立提名委员会,对独立董事候选人的年龄、知识结构、工作经验及和公司内部董事间关系进行分析,然后由股东大会表决决定人选。我国的《指导意见》将独立董事候选人提名权行使的主体划定为上市公司的董事会、监事会及持有特定股权份额的股东(见图2-3),但由监事会提名独立董事的公司非常少,股东提名是以个人名义做出的决定,董事会提名是由董事会成员联合提出的建议。规定本意在于协调各方权益,保护大股东利益,期望在一定程度上实现对上述三者权利的平衡与制约,但实际的制度施行却被一些学者质疑,他们认为该规定与我国现有的公司治理结构不甚协调,导致独立董事职能行使效果被削弱。目前我国关于独立董事选聘机制的研究较少,关于独立董事提名的研究则更少。史春玲(2010)从代理理论的视角探讨了独立董事选聘程序,提出我国独立董事缺乏独立性的根本原因是在独立董事的提名、选举等方面难以保障其独立性。

其一,提名人的公司地位、股权大小和个人风格会在一定程度上影响着独立董事的决策倾向及实际决策行为。布莱恩(2001)认为,被提名人与提名人之间通常是熟人关系,提名人会习惯性地将有利于自己利益的人作为自身利益代表,通

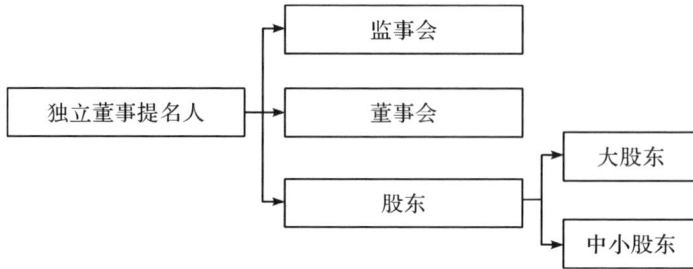

图 2-3　独立董事提名的分类

过提名和选举将其推向重要职位,并且期待或者控制着被提名人做出有利于自己利益的行为。孟慧样(2013)指出,被提名人基于个人感情、感激等非理性因素及共同利益等理性因素,会在重大事件的决策上与其提名人保持意见一致。其二,在实际提名过程中,赵立新等(2010)的调查数据显示,独立董事由上市公司董事会提名产生的超过 70%,而由控股股东提名的近 30%。实际上,公司董事会往往由控股股东当家做主。因此,独立董事的提名归根结底还是由控股股东拍板的,而中小股东很难有所作为。让被监督者选择监督自己的人——一部分研究者认为这种颇具讽刺意味的提名方式导致从一开始独立董事的独立性就无法得到保障,最终的监督效能也根本无从谈起。

(二)提名程序

提名程序是提名权和独立董事独立性得以保障的重要环节,指的是从寻找候选人、对候选人进行甄别到最终确定提名的过程。找到潜在的候选人后,提名委员会筛选出最符合条件的候选人,再正式提名并由股东投票表决(Monks et al.,2004)。

按照《公司法》、公司章程等规定,独立董事被提名后,必须经股东大会选举决定,但并未规定采取何种选举方式,我国的普遍做法是以简单多数的方式由股东大会选举产生。在一股一权的表决制度下适用股权多数决定原则,控股股东可以通过直接干预或合谋的方式控制选举。我国上市公司中第一股东持股比例过高。鉴于我国"一股独大"的特殊股权结构,以及中小股东股份少、人数多、较分散且流动性强的局面,一股一票的选举方式使得独立董事的最终决定权又一次落到大股东手中,而中小股东发挥决定的能力微乎其微。"交由股东大会表决"在我国上市公司的实践操作中流于形式,实际就是控股股东及大股东通过这种形式提名出其能够掌控的候选人,然后利用候选人独立董事的身份为自身的利益服务,这影响了独立董事的独立性。但 Donald(2006)指出,选举程序中剥夺大股东的选举权是对中小股东的过分保护,会削弱大小股东利益份额之间的区别。因此,独立董事选聘程序中的独立性悖论显现了出来。A 股上市公司第一大股东持股比例结构如表 2-5 所示。

表 2-5　A 股上市公司第一大股东持股比例结构

第一大股东持股比例/%	企业数量/家	占上市公司总数的比例/%
>60.01	43	4.62
50.01—60	73	7.85
40.01—50	128	13.76
30.01—40	186	20.00
20.01—30	278	29.89
10.01—20	209	22.47
<10	13	1.40
合计	930	100

数据来源:国泰安十大股东文件中截至 2018 年 6 月 30 日的数据。表中比例为约数,数据相加后约等于 100%。

(三)提名偏好

提名条件是指独立董事的提名资格,即候选人或者履职独立董事应当具备的条件和素质,也被称为任职资格。现有立法对上市公司独立董事的资格要求主要涉及以下 3 个方面:充分的独立性、足够的专业技能和经验、充足的时间和精力。

Withers et al.(2012)将独立董事选聘的文献按照理性经济人角度和社会化角度分为两类。从理性经济人的角度来看,选聘独立董事是为了满足公司治理需求及股东的资源需求,这与 Hillman et al.(2003)等学者的研究结论一致。从社会化的角度来看,独立董事的选聘可能会受社会和偏好的影响,如声誉也会影响董事的选聘(Stuart,1990;Hambrick et al.,2008)。Westphal et al.(2006)和 Stern(2007)也有类似的研究结论。这种分类更好地说明研究人员已经发现了独立董事选聘所存在的问题,对独立董事的选聘影响因素提供了较为重要的见解。

四、独立董事任期制度研究

独立董事任期取决于企业和潜在独立董事两方,关键在于企业的需求和独立董事特点的互相匹配程度(Withers et al.,2012)。企业的绩效、战略、生命周期及所处环境决定了企业对独立董事的需求差异和选择倾向(Chen et al.,2008);而独立董事个人具有的人力资本和社会资本等影响其职能发挥的因素成为企业选择独立董事的重要标准(Withers et al.,2012)。提名人倾向于选择和自己在背景与经验等方面具有同质性、符合自身利益的独立董事(Stern et al.,2010;Acharya et al.,2013);而潜在独立董事的一些行为习惯如积极监督、逢迎等也会影响企业对原有独立董事的解聘、对新任独立董事的选择(Zajac et al.,1996;Westphal et al.,2007)。Tejada(2003)发现,如果独立董事在任期内经常指责公司经理人的不良行为,那么在独立董事任期届满后通常会遭到公司的解雇,没有提出批评意见的反而都会继续在该公司任职。

国外关于独立董事任职时间对其监督效果影响的研究,得出了差异较大的研究结论:从信息不对称制约独立董事有效性发挥的角度来看,任职时间较长的独立董事对公司的运营、业务更加了解,他们更有经验、责任及胜任能力来进行监督。Vance(1983)认为,强迫那些任职时间长的董事退休,是一种资源浪费。Buchanan(1974)认为,延长任期可以增强董事们的组织认同感,提高他们的工作勤勉度。Beasley(1996)发现,随着外部董事任期的延长,美国公司发生财务舞弊的可能性就会降低。Bedard et al.(2004)发现,任职时间较长的独立董事对公司的运营、业务更加了解,他们更有经验、责任及胜任能力来进行监督,进而减少公司的财务欺诈行为,提高盈余质量,即随着任职时间的增长,独立董事因胜任能力增强而提高了监督效果。Kim et al.(2014)研究发现,独立董事任期越长,越具有信息优势,进而更能发挥建议和监督职能。

另外,任职时间较长的独立董事可能会与公司高管达成某种程度的合作,这弱化了其监督效果。Katz(1982)研究发现,较长的任期使得团队沟通减少了,因此独立董事的工作表现会变差。Vafeas(2003)认为,随着任职时间的增长,独立董事会和管理层建立起朋友关系,从而不愿去监督。同理也适用于独立董事对大股东的监督。大股东甚至有权左右董事会,从而延长独立董事的任期,因此独立董事为了继续留任更不会实施有效的监督。Canavan et al.(2004)也指出,任职时间长的独立董事的独立性会降低,更易成为"内部人",且他们缺少新的解决公司问题的观点。Cooper et al.(2010)认为,任职时间较长的独立董事因与高管个人关系较好而丧失独立性,其监督效果会变差。即随着任职时间的增长,独立董事因独立性降低而减弱了监督效果。

2006年,我国规定独立董事连任时间不得超过6年,这一规定至今已经执行了17年,但其合理性的论证却较少见到。Liu et al.(2010)发现,独立董事任职时间越长,公司盈余质量越好,且他们有更多经验及更高的专业能力来监督财务报表编制过程。即在第二个任期内,由于独立董事对公司的运营、业务更加了解,他们更有经验、责任及胜任能力来进行监督。这一观点认为,独立董事凭借其决策积累能够更好地识别大股东的违规操作,以更好地履行监督义务,参与到公司治理过程中。陈冬华等(2017)基于2003—2013年我国A股上市公司的相关数据论证了独立董事有效性随任期延长的变化情况,发现独立董事监督的有效性随着任期的延长仍在不断提高——尽管是以边际递减的方式,他们的研究结果也支持延长独立董事任期。但考虑到我国国情的特殊性,"关系"这一特殊的影响变量横亘于独立董事监督过程中,如果任期过长,容易导致独立董事的独立性受到损害,其有可能会因为与公司利益相关人员的接触增多,关系日渐熟稔而对其不规范行为表现出"沉默",甚至"合谋"的倾向。郭放等(2018)提出"经验能力假说"与"人际关系假说",探究那些在第二个任期连任的独立董事在2个任期内监督效果的变化,发现全体独立董事样本支持了"人际关系假说",即相比于第一任期,独立董事在第二个任期的监督效果有所减弱。综上所述,国内现有的研究成果出现了结论上的冲突。

五、独立董事多重兼任制度研究

独立董事兼职现象在国内外均非常普遍。某家上市公司的独立董事并不是他们担任的唯一职位,他们中的绝大部分还会在其他企业兼任独立董事或其他职位,发展自己的事业。Shivdasani et al.(1999)指出,在多个公司担任独立董事,可以向市场传递其一定的才能和天分。Masulis et al.(2014)统计发现,在标准普尔1500的公司中,有53%的独立董事在2个或2个以上的公司中兼职。在我国资本市场中,身兼数职的独立董事也不在少数。周小苑(2012)分析了截至2011年末的数据,发现每个独立董事平均服务于1.36家上市公司。

独立董事的多重兼任究竟是过度繁忙、疲于奔命,还是能者多劳、互利促进?Adams et al.(2010)指出,将繁忙成本从独立董事任职多家企业而产生的选择效应中分离出来是有挑战性的:一方面,当外部董事有多份任职时会使得他们只有相对少的时间来分给其中的一家,这就产生了繁忙成本;另一方面,独立董事的经验越丰富、声誉越好,其能在其他公司获得的兼任数量也就越多(Fama et al.,1983),因此被认为是"繁忙"的。

有学者指出,当独立董事兼职数量多时,意味着他们本身的能力比较强,同时学习的能力也较强,公司治理参与度较高,这样可以降低信息不对称的程度,有助于他们实施监督行为。对于资本市场上的独立董事而言,兼任的数量成为衡量其声望高低的重要信号(Shivdasani,1993)。Ferris et al.(2003)发现,当公司运营良好时,独立董事更有可能获得额外的董事会席位,而且忙碌的独立董事并不会比其他董事更容易被起诉,这意味着他们并没有逃避责任。在这一逻辑思路下,许多学者认为独立董事多重兼任有助于公司治理效率的提升。Yoshiro et al.(2000)研究指出,对于日本的纺织行业而言,拥有多重董事身份的独立董事有助于公司经营业绩的提升。Peng(2004)发现,独立董事的多重兼任与公司业绩存在正相关关系,独立董事的多重兼任并不会削弱其责任感,多重兼任的独立董事往往具有更好的声誉和更强的能力。在声誉资本的激励下,独立董事并没有因为繁忙而弱化履行独立董事责任或者较少出席董事会会议。郑志刚等(2017)基于A股上市公司2004—2013年的数据,检验了独立董事兼职对上市公司的影响。研究发现,兼职独立董事显著提升了公司的管理效率和盈利能力且结果稳健。产生这种作用的可能原因是兼职独立董事具有更高的公司治理参与度及兼职行为加强了公司与社会的联系。

同时,多重兼任有助于独立董事更好地了解市场信息及职业经理人的人力资本市场定价,及时察觉公司经营现状,针对其他公司高层决策采取措施。王建琼等(2013)以2007—2010年深交所上市公司为研究样本,考察独立董事的存在和公司信息披露质量之间的关系。研究发现,多重兼任独立董事并未削弱上市公司的信息披露质量,反而有助于提升上市公司的信息披露质量。李敏娜等(2014)研究了公司独立董事多重兼任的网络中心度指标,发现指标越高,公司高管薪酬激励方式越接近合理,高管会更加努力工作,从而促进公司更好更快地成长。Isaka(2017)认为,股东选择一个信息充足的董事会,可以为公司带来额外的私人信息,而选择一个信息不充足的董事会,决策时只能考虑公司已有的内部信息。股东通常会选择一个信息重组的董事会,以便利用董事会获得的私人信息来最大化企业价值。但是,如果CEO担心董事会因经验过于丰富、信息过于充足而拒绝其决策,不愿意与信息充足的董事会沟通,这时股东会选择一个信息有限的董事会。另外,当董事会监督CEO以希望获得足够大的私人利益时,信息有限的董事会是最佳选择。这意味着多重兼任代表独立董事获得的信息充足,但不代表这些信息对公司发展都有利。一方面,可能会降低沟通效率,打击CEO的积极性;另一方面,经验丰富的独立董事可能会更容易为自己谋取私利。

但也有学者(魏刚等,2007;Forberg,1989)得出截然相反的结论,认为拥有多重身份的独立董事很难保证有充足的时间深入了解公司情况,即过多的任职会使他们像"小蜜蜂"一样,忙于奔命,没有足够的精力参与董事会会议并了解企业经营及公司治理现状,导致工作质量下降、监督职能发挥受到负面影响(Shivdasani et al.,1999)、所任职公司盈利能力变差、公司估值缩水(Core et al.,1999)、CEO离职行为增多等等。

除时间精力被分散这一原因,持"消极效应"观点的学者还认为,兼任职位数量较多的独立董事之间往往会形成较为密切的纽带关系,即所谓的董事网络,由此会产生较为明显的合谋牟利行为。Perry et al.(2003)检验了派出方和接收方在独立董事聘任发布过程中产生的公告效应。他们发现,如果派出方的经理人拥有较高的股权或者公司具有一个独立的董事会,那么一旦其受聘于其他公司担任独立董事,对派出方而言会收到积极的公告效应收益,即独立董事多重兼任对于企业价值的影响取决于该独立董事先前任职企业的境况。

Conyon et al.(2006)发现,那些兼任数量较多的独立董事往往倾向于花费更多的时间在公司外的兼职工作上,希望利用这些工作提升自己的人力资本,获得更多的薪资津贴及其他非货币收益。Fich et al.(2006)以 1989—1995 年的工业上市公司为研究对象进行数据分析,结果显示,如果公司的大多数独立董事都在 3 家或者更多企业的董事会中任职,那么公司不仅具有较低的市值账面比,而且运营收益率也较低。同时,如果多重兼任的独立董事在公司的董事会中占据大量席位,那么当公司业绩下滑时,CEO 被替换的可能性就会降低。部分学者并没有得到独立董事多重兼任与其职能履行、公司治理效率提高之间存在必然关系的证据。Ferris et al.(2003)在检验独立董事的多重任职与公司绩效之间关系的过程中,发现公司的市值账面比和独立董事平均拥有的董事会席位之间没有任何系统性的关联。

虽然对于独立董事兼职对其履职行为影响的研究,学术界存在"能力假说"和"精力假说"两种不同的视角,但一个更加切合实际的方法是将上述两种视角结合起来。我们知道,独立董事能够获得兼职职位是由于市场对其职业能力的认可(Coles et al.,2003),即具有较强管理能力与较丰富任职经验的独立董事,如果能够积极参与公司管理,应能提升公司价值(Ferris et al.,2003;Field et al.,2013)。然而,一位独立董事的精力毕竟有限,除了本职工作外,同时兼职太多,无疑会分散其精力,抑制其发挥预期的公司治理作用(Shivdasani et al.,1999)。因此,当独立董事兼职公司数量在一定范围内,兼职独立董事"能者多劳",对公司的经营管理产生正面影响,此时"能力效应"超过"精力效应"成为主导效应;当独立董事兼职数量超过一定范围,独立董事在不同公司之间疲于奔命,兼职独立董事对公司的经营管理产生负面影响,此时"精力效应"超过"能力效应"成为主导效应。因此,独立董事兼职数量对其履职行为,进而对所在企业经营管理的影响并非是线性的,而是存在二阶效应。已有文献为本部分提出的独立董事兼职数量对公司经营管理的非线性影响提供了间接证据。Ahn et al.(2010)的研究表明,当划分收购方公司独立董事平均兼职数量时,收购公告市场反应并不一致:当平均兼职数量较少时,收购公告市场反应为正面的;当平均兼职数量过多时,收购公告市场反应为负面的。Masulis et al.(2011)发现,公司的内部董事在其他公司获得第一个兼职时,该公司股价出现积极的反应;而当董事兼职太多时,市场反应转向负面。这一结果间接表明,市场对于公司董事兼职数量的评价可能是非线性的。

六、独立董事声誉制度研究

声誉是主体通过一系列活动在外界所形成的、可以被利益相关方或公众加以记忆的评价和影响力,而被认知到的声誉可以在未来对声誉主体产生影响。国外对于独立董事声誉制度的研究较早,Fama et al.(1983)最早提出了"独立董事声誉"概念及独立董事声誉的重要性。在识别独立董事落实监督职责的动机问题上,他们指出,大部分独立董事是在乎自身声誉的理性人,出于对自身声誉的维护,独立董事有动机对公司管理者实行监督。很多研究发现,独立董事履职情况越好,独立董事声誉将变得越好;否则,声誉将越差。Farrell et al.(2000)利用1981—1992 年《福布斯》和《华尔街日报》披露的董事会解聘不称职 CEO 的 66 例样本进行研究时发现,虽然解聘 CEO 后独立董事更容易离职,但是其中未与 CEO合谋或者聘任了更好的继任 CEO 后的独立董事将在未来获得更多的其他公司的独立董事席位。也就是说,这类独立董事的声誉因此而提升。Coles et al.(2003)研究了独立董事在一特定法案(该法案因采纳了反敌意收购条款而有损于投资者利益)中的履职行为对声誉的影响,发现否决该法案的独立董事在未来获得的董事席位数量是接受该法案的独立董事的 3 倍。由此表明,如果独立董事没有很好地保护投资者权益,其声誉将遭受损失,而履行了投资者权益保护职责的独立董事,声誉将因此而提升。Suraj(2005)利用 1997—2001 年财务披露失败的 409 家上市公司数据研究发现,独立董事因财务披露失败而受到法律或者证券交易委员会(Securities and Exchange Commission,SEC)的惩罚虽然非常有限,但他们因此受到的人力资本市场惩罚相当明显。公司业绩虚报越严重,或者独立董事任职于审计委员会,则独立董事受到的声誉惩罚就越重。Fich et al.(2007)利用1998—2002 年发生财务造假的上市公司样本研究时发现,当上市公司因财务造假面临股东诉讼时,该公司独立董事声誉将显著下降,独立董事兼任其他公司独立董事的席位数量在诉讼之后也会显著下降;上市公司财务造假问题越严重,或者独立董事在财务造假中责任越大,独立董事声誉下降得越厉害。这些研究表明,独立董事如果不能有效地履行自身职责——监督管理层,保护投资者权益,提升上市公司信息披露质量,防止财务造假,则声誉就会遭受损失。

国内学者宁向东等(2012)、刘颖斐等(2015)也指出,声誉考量是独立董事在接受聘任邀请及在董事会中发挥作用时的重要激励和约束因素。宁向东等(2012)对独立董事的声誉进行了3个维度的定义:个人职业的维度、与上市公司业务领域相关的维度及勤勉敬业的维度。前2个维度涉及专业技能层面,后一个维度则涉及工作态度层面。黄海杰等(2016)依据会计独立董事是否来自"985"高校,是否是国家会计重点学科高校的学者或者国内前八大会计师事务所的审计师,将会计独立董事划分为高声誉的会计独立董事和低声誉的会计独立董事。他们研究发现,高声誉的会计独立董事显著地提高了上市公司盈余质量,并且这种影响在市场化程度低的地区、大股东掏空行为严重的地区、审计委员会主席由高声誉的会计独立董事担任的上市公司更加显著。

Firth et al. (2016)发现,尽管独立董事会因为共谋受到监管制裁,但是却没有影响他们在劳动力市场上的表现。相反,其为这些独立董事创造了一个为高风险企业的董事会效力的机会。目前关于这方面的研究主要集中在独立董事声誉制度的建立、声誉制度的优缺点、声誉的影响因素及如何将独立董事声誉激励与其他激励方式结合来构造激励模型等。

第三节　独立董事对于大股东掏空行为的治理效应研究

一、独立董事制度对大股东掏空行为的影响路径

各国不同的经济、政策环境,以及差异化的公司治理模式及种类繁多的公司治理问题,使得独立董事制度主要发挥的作用也有所差异。总的来说,建立独立董事制度是为了削弱委托代理问题的影响。在企业股权相对分散的国家,独立董事制度主要用于解决第一类代理问题,即强化董事会监督属性,加强对经理层的制衡。而我国特殊的国情导致许多上市公司是国有企业改制而来的,股权相对高度集中,引进独立董事制度主要是用于解决第二类代理问题,即防范大股东的掏空行为,保护中小股东的利益。为此证监会提出上市公司必须引入足够数量的独立董事,同时还赋予独立董事一系列特殊的权利,如提议召开临时股东大会或董事会,公司有些事项比如关联交易等需要半数以上的独立董事同意后方可提交股东大会表决,对担保借款和其他有可能损害中小股东利益的事项发表独立意见,等等。平衡大中小股东之间的利益冲突是赋予独立董事的职能使命。

要想通过自身职能属性约束大股东行为,需要保障独立董事的职责确然履行到位。Leblanc et al. (2005)通过访谈形式对董事会的有效性、独立董事制度的有效性及两者的关系进行研究并指出,独立董事的独立性、能力及行为是决定独立董事制度有效性的三大要素,只有将独立董事置于董事会的特殊情境下证明其独立性与能力,才能证明独立董事制度真正具备有效性。刘李胜(2009)指出,独立董事通常被定义为在其受聘单位只能担任董事而不能兼任他职,并且具有绝对竞业禁止义务,不能与其他股东存有可能破坏其独立性的其他商业关系。国内学者熊丽(2009)也指出,假如上市公司的董事会引入独立于大股东、管理层,代表中小股东利益的独立董事,可以提高董事会的决策效率和公司的治理效率,进而改善

公司业绩,那么独立董事制度就是有效力的。

因此,为了实现对于大股东掏空行为的有效遏制,需要保持独立董事自身的独立性,避免因经济利益、职权纠纷导致其人格和决策独立性被削弱。为此做出的制度规定有:收益独立——独立董事在任职期间只能获得公司支付的独立董事津贴,除此之外不可以和任职企业存在其他业务关系;职权独立——独立董事能够完全独立地行使自己的职权,包括一般权利和特殊职权,以便监督和制约大股东与管理人员,防止他们利用优势地位而做出损害公司的行为;决策独立——独立董事表达自己的观点时能够做出完全独立的意思表示,不会因大股东的控制地位而依附于他们,不会受控股股东的影响而随意改变自己的想法。通过分析独立董事履职影响因素,大量文献对于独立董事是否因与大股东为伍而弱化监管职能这一问题得出了不一致的结论,其监管责任实际落实是否到位仍未可知。

二、独立董事监督行为动机与激励研究

独立董事制度的引入是我国资本市场发展日趋完善的表现,独立董事被寄希望于发挥监督职能,制衡大股东权利,监督不合理甚至违规行为。然而,学术界对于独立董事制度是否有效仍未达成广泛共识,且关键要素认识不清晰,同时制度仍然存在缺陷,而声誉作为独立董事制度设计环节中的重要一环并未得到足够重视(毛建辉,2018)。"董事声誉"概念在国外很早被提出。Fama et al. 早在1983年就提出"董事声誉"概念,并且给予了极高的重要性评价,认为独立董事机制能够存在,并且能发挥作用的根本在于追求"声誉"。我国学者宁向东等(2012)结合我国特殊的公司治理环境,提出独立董事声誉局限于经济理论与博弈论中涉及的内容,并且回归基于认知的"声望与名誉",对其进行基于个人职业维度、上市公司业务领域相关的维度及勤勉敬业的维度的三维度定义。

对于独立董事与大股东掏空行为的研究可分为理论与实证2个层面。在理论层面上,Fahlenbrach et al. (2010)认为,担任独立董事是个人实现自我价值的方式之一,而独立董事声誉正反映了社会对独立董事的形象评价;出于对自我形象的维护、自我价值的实现,独立董事会更加珍重自我声誉,并在此价值驱动之下勤

勉履职。具有传播性的独立董事声誉也作为一种信号机制影响独立董事的人力资本价值。独立董事通过使自身恪尽职守等行为被外界感知与评价,进一步提高自身声誉度与可信任度,并在与利益相关者相互作用之下提高自身声誉价值,获取更多就任空间与可观收益(Du,2015)。除了正向激励之外,独立董事声誉仍具有负向约束作用。当公司出现财务危机、中小股东蒙受利益损失时,独立董事作为公司监督者更可能被股东指认为被告,从而面临诉讼风险,连带而来的便是声誉受损、价值下降(Brochet et al.,2014)。但此种约束,也将倒逼独立董事积极参与公司治理,勤勉履职。在实证层面上,黄海杰等(2016)以我国民营上市企业为样本,进行实证研究发现,独立董事声誉制度能激励独立董事维持其独立性,提高企业会计信息披露质量,提高企业盈余质量。也有学者通过实证检验发现,上市公司的独立董事声誉越好,反而越会激发控股股东的私利行为,即声誉制度并不能对独立董事进行有效激励(谭美玲,2019)。国内外学者对独立董事与大股东掏空行为的关系进行了一定的研究,但尚未达成一致观点,仍具有研究空间。

Hambrick et al.(2015)为了研究董事个体的监督水平,提出了一个基线命题:当董事具有以下4个特质时,董事在任何特定领域(例如,财务事务)中成为有效监督者的可能性将大大增加:独立性(Dalton et al.,2007;Gordon,2007);专业知识(Defond et al.,2005;Tian et al.,2011);空闲,通常标记为其反向,即"繁忙"(Cashman et al.,2012;Ferris et al.,2003);动机(Bhagat et al.,1999;Hillman et al.,2008)。在他们看来,如果一个董事会有2个或2个以上涵盖这4个特质的董事,那么公司治理失败的可能性将会大大降低。这4种特质具体情况见图2-4。

心理学家在研究中发现,人之所以会产生某种特定的行为是由其动机决定的。一个人愿不愿意从事某项工作,工作积极性是高还是低,很大程度上取决于他是否具有做好这项工作的动机及动机的强弱。因此,在对独立董事履职有效性的研究中,动机是一个重要影响因素。那么,到底是什么动机促使独立董事去积极监督大股东而不是与其串通?从 Hambrick et al.(2015)的基础框架中,可以发现影响独立董事监督动机的因素包括多重兼任、自我价值实现诉求、心理认同。Yermack(2004)在研究中指出,仅仅通过截面数据来研究独立董事的行为动机是不科学的,因为大部分独立董事在进入公司的初期既没有股权,也不了解公司的运作,而且已有的声誉也大多来自他们目前或以前所从事的工作,同时随着时间

```
┌──────────────────────────────────────┐   ┌──────────────────────────────────────┐
│     专业知识：能够理解手头事务          │   │      独立性：保持客观                   │
│ ●正规教育和认证的领域及专长水平是？      │   │ ●目前或以前是该公司的员工吗？           │
│  （例如，注册会计师、特许金融分析师、    │   │ ●与公司CEO有家庭关系或个人关系吗？       │
│   某专业博士等）                        │   │ ●与公司有任何重大业务联系吗？           │
│ ●担任多少其他上市公司的董事会成员？      │   │ ●是在现任CEO任职期间被选择的吗？         │
│ ●在其他董事会面临哪些类型的问题/挑战？   │   │  （如果是，CEO是提名委员会成员吗？）     │
│  （例如，CEO继任、大型收购等）          │   │ ●这位董事当前是另一位公司的CEO吗？       │
│ ●在公司对应行业中有多少经验？            │   │                                        │
└──────────────────────────────────────┘   └──────────────────────────────────────┘

            ╭──────────────────────────────────────────╮
            │       很有可能成为特定领域的有效监督者        │
            ╰──────────────────────────────────────────╯

┌──────────────────────────────────────┐   ┌──────────────────────────────────────┐
│   空闲：能够投入必要的时间和精力         │   │    动机：渴望代表股东发挥作用             │
│ ●受雇于其他地方吗？如果是这样，那个职     │   │ ●在公司是否有实质意义上的所有权？        │
│  位要求多高？                          │   │ ●在心理上是否认定自己是董事？            │
│ ●服务的其他董事会数量是多少？（最佳数    │   │ ●是凭借作为投资者或风险资本家的重要       │
│  量取决于在其他地方的全职工作）          │   │  经验而获得股东认同的吗？                │
└──────────────────────────────────────┘   └──────────────────────────────────────┘
```

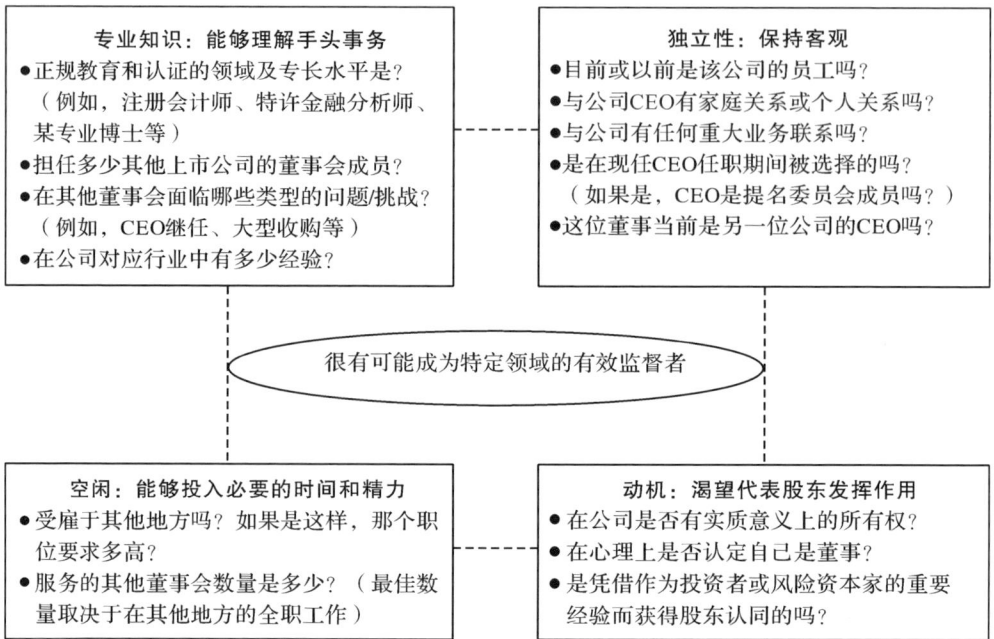

图 2-4　用于指定理想监督者的模型框架

（对 4 种特质的存在或不存在的可能性测试）

的推进，上述的所有情况都会发生变化。他选择了财富 500 强公司 1994—1996 年所聘请的 734 位独立董事为研究对象，数据分析结果显示，薪酬、离职及获得新的董事会席位等都会改变独立董事的监督行为。本部分综合已有的文献成果，将大股东监督行为动机分为两类，分别是当下的保险心理与未来的发展需求。

（一）当下的保险心理

独立董事为了降低风险而履职体现在两个方面：

其一是为了保留现有职位。一些独立董事的行为动机是降低监督力度，维护与被监督者之间的友好关系，保住现有的董事会席位。Harford（2003）认为，人力资本市场并不足以激励或者约束独立董事，独立董事在权衡利弊之后未必有动机通过监督履职表现向外界传递声誉。他以对目标公司股东有利的公司接管为例，发现接管过程中目标公司独立董事可能为了自身利益而抵制接管要约，原因在于独立董事如果接受要约，他将很可能失去在目标公司中的席位，而该损失并不能从其他公司得到补偿。但唐雪松等(2010)利用了2005—2007年我国上市公司独立董事意见数据,在考察独立董事监督动机的研究中得到了不同的结论。他们在研究中发现,若独立董事在发表独立意见时说"不",其离任现职的概率会大大增加。出于避免丢失董事会席位及规避财富损失的动机,当独立董事兼职的上市公司数量越少或者从公司获得的报酬越高时,独立董事会更少在发表独立意见时说"不"。因此,独立董事并不存在通过发表独立意见传递监督声誉的动机。从这个角度来看,独立董事的行为不利于履行监督职责和发挥保护投资者的作用。

其二对于部分独立董事来说,实施有效的监督从而避免可能带来的法律风险是他们重点关注的,他们积极履行监督职责是为了满足自己"在其位谋其政"的心理,以避免受到惩罚。

这两种反向的心理作用使得他们的决策充满变数。周繁等(2008)以2001—2005年75个独立董事的"跳槽"事件为研究对象,研究了独立董事任职选择的真实动机。研究结果显示,影响独立董事"跳槽"的主要原因是上市公司的知名度和任职风险等声誉因素,而非薪酬收入和现实成本等因素。他们指出,片面强调独立董事的薪酬并不能实现对独立董事的激励,反而是声誉制度更能实现对独立董事的激励和约束。

(二)未来的发展需求

独立董事履行监督职责时也会考虑自身未来的发展,如通过监督行为提升自身在人力资本市场中的声誉,进而获得更多新的董事会席位。Fama et al.(1983)指出,外部董事之所以会积极地履行职责,是因为受到了决策控制专家在声誉方面的激励。而且由于外部董事所获得的收入较少,他们可通过职位向外界传递具有可信度的专家身份信号,以获得更多机会。Stuart(1990)以破产清算或者是进行了债务重组的公司为研究对象,研究了董事的履职动机。结果显示,仅有46%的相关董事在这些事件发生以后还能继续留职,而且相对于留职的董事,辞职的董事很难再在其他公司的董事会中获得席位。由此可见,公司绩效确实会对董事的市场价值产生影响。Brickley et al.(1999)也曾指出,对于已经退休的CEO,其能否继续留任董事会或者到其他公司担任独立董事,很大程度上取决于他在担任CEO时的工作绩效。Fich et al.(2007)通过对财务欺诈案件中独立董事的声誉制度的研究,指出当公司卷入财务欺诈诉讼以后,外部董事所面临的真正困境不是在现有的董事会中遭受非正常的解聘,而是会明显减少其未来在其他董事会中任职的席位。

以上对董事任职决策动机影响因素的研究存在明显的不足。第一,对任职动机的研究主要是描述性、调查性的或者只关注了个别的动机因素,缺乏系统的理论模型和实证研究(Withers et al.,2012)。第二,由于外在的影响因素过多,履职行为的衡量标准不一致,导致得出了许多自相矛盾的结论。

三、独立董事监督效果研究

随着实践活动与理论研究的发展,管理实践者与学术研究者均对独立董事的功能有了进一步认识。独立董事制度在实际应用中是否达成了引入其的初衷,一直是学术界研究的重要课题。尽管以往文献研究中关于独立董事对公司行为或绩效影响的成果比较广泛,但是目前,国内外学者对独立董事能否在公司治理中发挥积极作用还没有形成统一的结论,对独立董事的作用也存在较大争议。

(一)独立董事具备积极监督效果的相关研究

部分研究对于独立董事的监督效果持积极的态度。一方面,早期关于独立董事制度有效性的研究,主要考察的是独立董事制度与公司绩效之间的关系。Byrd et al.(1992)指出,独立外部董事有助于提升股东利益。Cotter et al.(1997)发现,当董事会中独立董事占比较大时,股东的财富在收购要约期间会增加。Gupta et al.(2009)研究发现,当企业出现外部独立董事辞职情况时,市场倾向于对该企业给予负面评价,表明市场还是认可独立董事在公司治理中发挥的积极作用的。Nguyen et al.(2010)通过研究突然死亡的独立董事所履职公司的价值变化,直接证明独立董事能够提升履职公司的价值。Vania et al.(2018)的研究验证了独立董事能够使公司免受腐败对公司绩效的有害影响,并促使企业在研发领域投入更多的资金和注册更多有价值的专利的假设。

独立董事的存在也被一些学者证明有助于公司治理效率的提高。Weir et al.

(2000)的报告指出,在英国,当独立董事发挥重要作用时,会有较好的公司治理实践效力。Kao et al.(2004)发现,当独立董事比例越高,监管效率越高时,他们就会认为独立董事独立于负责运营的管理层能更好地发挥监督作用。Adams et al.(2010)也指出,通过对公司管理层特别是 CEO 的聘用、解聘和评价提出意见,独立董事能够在上市公司治理活动中发挥监督职能。叶康涛等(2011)发现,当上市公司的运营情况不佳、业绩表现不好时,独立董事对董事会议案提出异议的概率更大,表明独立董事在公司面临困境时能够发挥监督作用。万良勇等(2014)研究发现,独立董事网络中心度与违规行为的回归系数为负,即独立董事网络对独立董事监督职能的发挥存在促进作用。祝继高等(2015)从董事会决策视角入手,基于中国上市公司的非自愿披露的投票证据,指出了非控股董事、独立董事对公司管理层及控股股东的监管力度存在一定的差异。谢志华等(2016)指出,为保证董事会决策的可靠性和准确性,须在董事会形成决策制衡机制,独立董事制度的引入恰好是该机制起到良好成效的关键。周建以等(2016)证明了独立董事高监督潜能形成所需具备的动机、灵活工作时间、独立性、专长这 4 个属性特征,以及该特征相互匹配并整合形成独立董事个体监督潜能"异质性"的过程。研究结果表明,独立董事拥有较高的监督潜能,可通过其模范带头作用,改变公司现有的监督"默许"行为,发现并识别潜在风险,进一步加强董事会监督效力,尽可能降低公司治理失败情形发生的可能性。

还有学者研究独立董事与公司内部违规行为(如财务欺诈)之间的关系。Fork(1992)研究认为,独立董事占比与财务信息披露质量之间具有正相关关系,即信息披露质量随着上市公司独立董事占比的增加而提升,独立董事在知晓更多公司内幕信息的情况下试图取得不当收益的概率降低。Beasley(1996)的研究结果表明,独立董事占比的增加使得公司面临财务欺诈的概率降低。Chen et al.(2000)通过对香港市场上家族企业的研究,发现独立董事能够促进家族企业的财务透明。Reitenga et al.(2003)研究发现,独立董事在董事会中占比较高的公司出现即将离任的 CEO 操纵公司利润行为的概率较小。Peasnell et al.(2005)研究发现,独立董事能够有效地遏制管理层通过虚增应计项目操纵公司利润的行为。Benkel(2006)研究发现,当公司内董事会(或者审计委员会)中独立董事占比较大时,盈余管理程度会有所降低。Chandar et al.(2012)也发现,伴随独立董事在董事会中占比的增加,公司出现内部操控公司盈余行为的概率减小。Torchia et al. (2016)发现,独立董事占比越高,企业的财务透明度和信息披露指数越高。唐清泉(2006)的研究,主要把独立董事发挥监督作用的动因划分为规避法律风险和声誉风险,他认为独立董事为了在履职的公司出现重大问题时获得法律上的免责或者自身声誉不受影响而积极发挥监督作用,抑制大股东与公司的关联交易及大股东的掏空行为,保护中小股东的利益。蔡志岳等(2007)认为,董事会规模与公司违规行为间存在正相关关系,独立董事占比与公司违规行为间存在负相关关系,也就是董事会规模过大会降低工作效率,而独立董事占比越高,公司经营越规范。刘诚等(2013)认为,作为与公司不存在利益关系的独立外部人,独立董事能够对公司管理者,以及大股东与管理层之间的合谋行为进行较严格的监督。

(二)独立董事不具备积极监督效果的相关研究

与此同时,有许多研究成果表明,独立董事的监督效果并不尽如人意,其甚至存在合谋行为,即独立董事在改善公司绩效、提高公司治理效率的过程中起到了相反的作用。Agrawal et al. (1996)发现了独立董事占比与公司绩效存在负相关关系的实证证据。Dalton et al. (1998)的研究不能支持公司财务绩效与董事会结构之间的显著关系,即独立董事占比与公司财务绩效之间没有显著相关性。还有许多国内外学者研究企业长期业绩与独立董事之间的关系,也得出类似结论(李有根等,2001;丛春霞,2004;Bhagat et al. ,2002)。Bhagat et al. (2013)还发现,2002 年的 SOX 法案颁布之前,董事会独立性对公司的运营绩效有负面影响,而在该法案通过后,这种关系变得积极而显著。李有根等(2001)、丛春霞(2004)等学者未发现独立董事占董事会的比例与企业的经营业绩间有显著正相关关系。李常青等(2004)则指出,上市公司的财务绩效随着董事会中独立董事占比的提高而下降。部分学者发现,独立董事并没有在公司治理中发挥积极的监督作用,并质疑现有的独立董事制度。黄志忠等(2009)认为,独立董事会为了保全自己的职位而不对管理层的薪酬安排发表异议,因此不能有效发挥对管理层的监督作用。吴育辉等(2010)发现,独立董事并不能有效监督上市公司管理层的自利行为。Annuar et al. (2015)发现,独立董事并没有对上市公司给予太多的监督关注,其参与更多体现在履行长期的咨询指导责任上。

同时,独立董事对公司违规行为的遏制作用在部分学者的研究中也没有得到证实。支晓强等(2005)认为,独立董事在发现上市公司存在违规行为时,并不能发挥监督作用,而是选择通过离职来规避风险。高雷等(2006)发现,独立董事在董事会中所占比例的提升并不能有效抑制控股股东的掏空行为,即独立董事无法发挥有效的监督作用,无法遏制大股东的侵占行为,无法保护中小股东的利益。Ferris et al. (2007)得出结论:董事会独立性与公司丑闻之间没有任何关系。孙敬水等(2008)认为,独立董事占比并不能有效影响公司信息披露违规行为。曹伦等(2008)实证研究发现,独立董事占比并不能影响上市公司违规行为,二者之间的关联并不显著,原因可能是上市公司仅遵循证监会的规定。陈维政等(2010)以2006年违规的61家上市公司为研究样本,研究结果表明上市公司违规行为可能随着独立董事津贴的增加而增加。朱雅琴等(2011)证实,独立董事占比与信息披露合规性之间的回归系数不显著。邓可斌等(2012)研究发现,随着独立董事占比的提高,公司违规概率也会增加,即独立董事并不能抑制公司违规行为,甚至可能与公司管理层达成一致。

第四节　文献评述

一、独立董事制度的描述指标欠缺系统性

尽管目前对独立董事监督效果的研究中有一部分既有明确的动机,又在研究过程中得到了显著的结论,但从整体上看,它们是极其零散和不确定的。例如,研究人员对于独立董事监督职能研究的落脚点不尽相同,包括财务不端行为、CEO薪酬、收购溢价等,这使得研究的纵向积累或横向可比性方面都富有挑战性。

同时,在实证研究中,由于外部董事的数量和占比可以作为刻画董事会独立性的关键指标(Mishra et al.,2000),又由于董事会做的是群决策,独立董事数量的多寡,将直接关系到内部人对提案权支配的困难程度,因此确定独立董事占

比被认为是保证独立董事制度有效性的基础性环节（张凡，2003），于是早期学者们在考察独立董事制度的有效性时，主要以这一指标来进行度量。无论研究人员如何将有效监督的理想成分概念化，他们通常都采用具有相关行业专业知识的独立董事的占比来度量，但是这种集合度量的使用忽略了独立董事制度的一些离散属性。因此从已有的研究来看，仅仅将独立董事在董事会中所占的比例作为其独立性的度量指标，很难得到其与公司治理效率、企业绩效之间关系的一致结论。

而往前回溯，在对独立董事选聘环节进行的相关研究多采用描述分析方式说明独立董事制度的优劣性，个别研究人员在开展研究时倾向于选择他们自己认为影响独立董事监督效果的首选因素，包括独立性、任期、兼任，这些研究人员通常只检查这些属性的选择性子集，采用单一指标，鲜有利用系统性的制度框架，通常结果有限或相互矛盾。

二、缺乏对于独立董事个体决策行为的关注

独立董事制度作为一项"舶来品"，在我国只有 20 多年的发展时间，相关的法律法规还未完善，因此研究尚不丰富。虽然国内外学者对大股东掏空行为从掏空手段、动机到治理机制都进行了大量的研究，但在讨论大股东掏空行为的内部治理机制时，大多是从公司管理层或者公司权力机构的视角出发，比如管理层的个人特质、董事会特征和高管的薪酬激励等，对于治理大股东掏空行为时独立董事的作用，尚未形成一致的结论，尤其是从独立董事个体决策的视角出发讨论其对大股东掏空行为的影响。在现代公司治理中，独立董事受聘于监督大股东，但是大股东对独立董事的选聘具有很大的话语权和投票权，大股东可以通过投票权选举能够为其牵制的独立董事，从而对独立董事实际监督水平、公司治理效率产生重大影响。虽然现有文献也研究了独立董事选聘机制对实质监督效力的影响，但是利用传统的研究手段只能披露显性联系的存在对于独立董事监督的影响，大股东特别是控股股东可以凭借着其投票权决定独立董事的任命。那么在这种情况下独立董事对大股东掏空行为是否仍然能够发挥积极的治理作用呢？以前学者

的研究并没有直接涉及这一点,而多是基于逻辑推演、定性分析提出建议,如大股东不得干涉提名、选聘独立董事的过程。正如 Pettigrew(1992)在研究中所指出的,当缺乏有关董事会决策过程的直接证据时,若直接考察独立董事占比与公司业绩之间的关系,容易导致逻辑跳跃幅度过大。因此,他呼吁学者们深入考察董事会的决策过程和行为,加入过程及情境因素,以深化对独立董事作用和独立性的认识。然而,从目前的文献资料来看,这方面的研究还是相对较少的,国内学者的研究就更为缺少了。

简而言之,先前的理论和研究已经确定了独立董事监督效力检验的相关部分,但是只是逐一检查了它们,而没有将它们看成一个整体。此外,研究人员一直在寻求如何检验独立董事整体的监督能力,而没充分意识到个别独立董事的监督能力是整体监督潜力的基本组成部分。

三、声誉制度研究过程中的情境局限及因果倒置

现有的国内外绝大多数实证研究成果发现独立董事声誉制度有效,声誉制度对独立董事当前履职行为具有激励约束作用,而且独立董事声誉制度还会给任职企业带来经济利益。但是,仍有少量实证研究未能提供独立董事声誉制度有效的证据。分析现有文献可以发现,在考察目标、研究设计等方面还存在一些需要改进或者拓展的地方。第一,现有文献在研究独立董事履行监督职责如何影响声誉时,基本上以独立董事监督企业经理的履职行为作为考察对象。但现在的主要代理问题悄然转移,渐渐存在于大股东与小股东之间(La et al.,1999)。中国企业面临的主要问题是"一股独大"和"内部人控制",即主要代理问题同时存在于大股东与小股东、股东与经理人之间,有时前者表现得更为严重。独立董事监督大股东的行为将如何影响独立董事声誉? 这是国内学者需要进一步拓展的研究方向。第二,现有文献实证考察独立董事声誉的经济后果时,并没有回溯探究声誉形成的原因,而是以独立董事任职企业数作为独立董事声誉的测度指标,直接考察其经济后果(Ferris et al.,2003;Chan et al.,2007;王跃堂等,2006;等等)。由此引发的问题是,从"独立董事履职影响独立董事声誉"这一逻辑视角看,独立董事声

誉的形成原因很多,有些属于监督性职责履行情况,有些则属于非监督性职责履行情况,由不同原因所形成的独立董事声誉会产生不同的经济后果。但相关文献并未就此深入探究。可能正是这一问题的存在,才导致了现有研究中关于独立董事声誉的经济后果的不同结论。对这些问题的解答,有助于我们更为深刻地理解独立董事声誉制度的有效性。

四、研究方法单一与数据来源同质化

在梳理关于独立董事选聘机制的相关文献时发现,国外相对较为丰富,可以说国内现有的关于独立董事提名、选举等主题的研究大多还只停留在理论层面,缺乏实证研究的支持。到目前为止,还没有一套完整的理论和变量来描述董事会的行为(王斌等,2008)。Lipton et al.(1992)指出,增加会议时间能够提高董事会效率,董事会会议开得越频繁,董事们就越乐于履行那些与股东利益相一致的职责。因此,目前较多的关于董事会行为的研究,都是从董事会会议入手的,以董事会会议次数来作为董事会行为强度的度量指标(Vafeas,1999;谷祺等,2001;于东智,2003;李常青等,2004)。然而,从已有的研究来看,董事会会议仅仅是从决策批准的结果这一角度反映了董事会的运作。而对于内部决策的过程,却是没有考察的。经济及管理领域的学者之所以在对董事会行为的研究中鲜有涉及决策的过程,主要还是因为受到研究数据的可获得性的制约。2004年11月,我国上海和深圳证券交易所要求上市公司披露独立董事针对董事会提案所发表的具体意见,包括提案内容、董事会表决结果、投反对票或弃权票的董事姓名和理由等信息。这些数据有利于学者们直接观测到独立董事针对管理层提案所发表的具体意见,从而有助于深化对独立董事相对于管理层的独立性及其监督作用的认识,打开董事会实际决策过程的"黑箱"。但是,从国内已有的研究来看,使用这一数据资料来开展的研究还是相对较少的,缺乏对于这一珍贵数据的深入挖掘。

本研究分为两大层次。第一层次从独立董事的正式制度设计出发,研究选聘制度的设计是否会影响大股东掏空行为与独立董事监督行为,并对独立董事的实际监督效率产生怎样的影响。观察在最基础的博弈情境与选聘的博弈情境下,独立董事是否有较强的监督信念去监督大股东,保障中小股东权益,并细致分析大股东的掏空动机。第二层次加入了独立董事非正式制度——声誉制度作为调节变量,研究其对主效应、中介效应是否存在显著的调节作用,能否纠正选聘制度造成的不良后果,或是激发选聘制度中的积极效应。

第三章　理论假设与模型构建

第一节　理论环境下的博弈过程

在本研究中,大股东和独立董事之间的博弈过程具有行动上的先后顺序。独立董事确定监督力度,大股东决定掏空力度与掏空性质,独立董事不能观察到大股东的具体行动,大股东可以观察到独立董事的监督力度。表 3-1 涉及大股东、独立董事、其他监管者 3 类角色,其中外部监管者的行动是外生变量。

表 3-1　大股东和独立董事之间的博弈过程

博弈顺序	参与者决策
1	独立董事形成针对大股东掏空行为的监督信念,基于监督信念对大股东实施不同力度的监督
2	大股东恶意占用资金(出现掏空行为),一定概率下独立董事会发现大股东的掏空行为
3	如果独立董事或外部监管者发现了大股东的掏空行为,则大股东失去掏空收益并且受到惩罚,否则大股东保留掏空收益
4	如果掏空行为被外部监管者发现,而独立董事未发现大股东的这一行为,则独立董事为此遭受处罚

一、博弈过程梳理

在博弈过程中,独立董事和大股东由系统随机一一配对,对应的是独立董事提名不受大股东影响的情形。其中,独立董事不存在兼任多家公司的情况。独立董事先获得固定收益 X,并对大股东的掏空行为产生监督信念(即监督力度)f_{ID}。独立董事对大股东掏空行为产生的监督信念会推动其加大监督力度,从而提高发现大股东掏空行为的概率 $q(f_{ID})$,并且可以推出 $q'(f_{ID})>0$。同时,独立董事监督的成本 $C(f_{ID})$ 随之增加,因此 $C'(f_{ID})>0$。假设大股东获得的红利为 Y,除此之外,基于对收益额及被独立董事或外部监管者发现掏空行为的可能性的考虑,大股东选择以掏空水平 t 获得掏空收益并避免被惩罚。假设公司总资产为 M,则大股东的掏空收益为 $E(M,t)$,即掏空力度越大,大股东获得的掏空收益越大。

当独立董事或其他监督者发现大股东的掏空行为时,大股东失去 $E(M,t)$ 的掏空收益,并受到 $P(M,t)$ 的惩罚,此时掏空水平 t 越高,所受的惩罚越大,即 $F'(M,t)>0$。外部监管者发现大股东掏空行为的概率为 λ:若独立董事成功发现大股东的掏空行为或独立董事与外部监管者均未发现大股东的掏空行为,则独立董事不受惩罚,扣除监督成本后独立董事可获得收益 $X-C(f_{ID})$;若外部监管者发现了大股东的掏空行为而独立董事未能发现,则独立董事除了要扣除监督成本外还将受到惩罚 $D(f_{ID})$,同样的 $D'(f_{ID})>0$。

二、收益函数

独立董事的目标是选择一个合适的监督力度以最小化期望成本(监督成本和可能的惩罚),大股东需要决定一个掏空水平以最大化个人期望收益,大股东和独立董事的收益函数分别如式(3-1)和式(3-2)所示:

$$U_{LS}=Y+(1-q(f_{ID}))(1-\lambda)E(M,t)-((1-q(f_{ID}))\lambda+q(f_{ID}))P(M,t) \tag{3-1}$$

$$U_{ID}=X-C(f_{ID})-(1-q(f_{ID}))\lambda D(f_{ID}) \tag{3-2}$$

式(3-1)中 Y 表示大股东的分红，$(1-q(f_{ID}))(1-\lambda)E(M,t)$ 表示大股东恶意占用资金未被发现时获得的收益，$((1-q(f_{ID}))\lambda+q(f_{ID}))P(M,t)$ 表示大股东掏空行为被发现时遭受的惩罚。式(3-2)中 $X-C(f_{ID})$ 表示独立董事可获得的收益，$(1-q(f_{ID}))\lambda D(f_{ID})$ 则表示监督失效时独立董事所遭受的惩罚。参考 King (2002)和李建标等(2015)的实验参数并结合现实情境，上述各变量及 2 个收益函数的变量取值情况如表 3-2 所示。

表 3-2　变量含义及其在实验设计中的具体值

参与者角色	变量	变量含义、函数表达式及取值
独立董事	X	独立董事固定报酬，$X=4$
	f_{ID}	独立董事对大股东掏空行为的监督信念水平，也就是监督力度，$f_{ID}1=0.25$，$f_{ID}2=0.50$，$f_{ID}3=0.75$，分别代表低等、中等和高等的信念水平
	$q(f_{ID})$	独立董事发现大股东掏空行为的概率，$q(f_{ID})=0.6\times f_{ID}$
	$C(f_{ID})$	独立董事监督的成本，其与监督力度正相关，$C(f_{ID})=2.5\times(f_{ID})^2$
	$D(f_{ID})$	外部监管者给予监督失败的独立董事的惩罚，$D(f_{ID})=0.07\times M\times t$
大股东	Y	大股东分红，$Y=48$
	M	公司资源，$M=350$
	t	大股东掏空水平，即大股东恶意占用公司资产的程度，$t_1=0.25$，$t_2=0.50$，$t_3=0.75$，分别代表低等、中等和高等的掏空水平
	$E(M,t)$	大股东通过掏空行为获得的收益，$E(M,t)=M\times t$
	$P(M,t)$	大股东掏空行为被财务独立董事或外部监管者发现时所受的惩罚，$P(M,t)=2.25\times t^2 M$
外部监管者	λ	外部监管者发现大股东掏空行为的概率，$\lambda=0.3$

笔者将连续的收益函数(3-1)和(3-2)转变为离散变量形式，这样可以求出支付矩阵，据此提出相应的研究假设。根据以上赋值，最终的收益函数为：

$$U(f)=48+(1-0.6\times(f_{ID}))\times0.7\times350\times t-((1-0.6\times(f_{ID}))\times0.3+0.6\times(f_{ID}))\times2.25\times350\times t^2 \qquad (3-3)$$

$$U(f_{ID})=4-2.5\times(f_{ID})^2-(1-0.6(f_{ID}))\times0.3\times0.07\times350\times t \qquad (3-4)$$

三、求均衡解

根据式(3-1)、式(3-2)和表3-2,构造如表3-3所示的大股东与独立董事博弈的支付矩阵。双方各有3种策略选择,共有9种可能的行动/信念组合。表3-3显示了每种行动/信念组合下对应的2种可能的收益和发生概率,并算出了每种情况下的期望收益。例如,在大股东选择行动1、独立董事选择信念1的情况下,若掏空行为未被发现,大股东可以保有所侵占的资产,收益为135.5,这种情况发生的概率为0.595;若掏空行为被独立董事或外部监管者发现,大股东会遭受惩罚,收益为-1.22,这种情况发生的概率为0.405。即在行动1/信念1这一组合下,大股东的期望收益为80.129,是上述2种可能收益的加权平均。而独立董事有0.745的概率不受惩罚,此时其收益为3.844;有0.255的概率受到惩罚,收益为-2.281。即在行动1/信念1这一组合下,独立董事的期望收益为2.282。

大股东与独立董事的期望收益矩阵如表3-4所示。

表 3-3　大股东与独立董事博弈的支付矩阵

独立董事的监督信念选择		大股东的行动选择		
		行动1(0.25)	行动2(0.50)	行动3(0.75)
信念1 (0.25)	**大股东的收益**			
	期望收益	80.129	72.391	24.785
	掏空被发现(收益;概率)	-1.22;0.405	-148.88;0.405	-394.97;0.405
	掏空未被发现(收益;概率)	135.5;0.595	223;0.595	310.5;0.595
	独立董事的收益			
	期望收益	2.282	0.720	-0.842
	无惩罚(收益;概率)	3.844;0.745	3.844;0.745	3.844;0.745
	有惩罚(收益;概率)	-2.281;0.255	-8.406;0.255	-14.531;0.255
信念2 (0.50)	**大股东的收益**			
	期望收益	65.773	33.344	-49.289
	掏空被发现(收益;概率)	-1.22;0.51	-148.88;0.51	-394.97;0.51
	掏空未被发现(收益;概率)	135.5;0.49	223;0.49	310.5;0.49
	独立董事的收益			
	期望收益	2.089	0.803	-0.484
	无惩罚(收益;概率)	3.375;0.79	3.375;0.79	3.375;0.79
	有惩罚(收益;概率)	-2.75;0.21	-8.875;0.21	-15;0.21

续　表

独立董事的监督信念选择		大股东的行动选择		
		行动 1(0.25)	行动 2(0.50)	行动 3(0.75)
信念 3 (0.75)	**大股东的收益**			
	期望收益	51.418	−5.703	−123.363
	掏空被发现(收益;概率)	−1.22;0.615	−148.88;0.615	−394.97;0.615
	掏空未被发现(收益;概率)	135.5;0.385	223;0.385	310.5;0.385
	独立董事的收益			
	期望收益	1.583	0.572	−0.438
	无惩罚(收益;概率)	2.594;0.835	2.594;0.835	2.594;0.835
	有惩罚(收益;概率)	−3.531;0.165	−9.656;0.165	−15.781;0.165

表 3-4　独立董事的期望收益矩阵

独立董事的监督信念选择	大股东的行动选择		
	行动 1(0.25)	行动 2(0.50)	行动 3(0.75)
信念 1(0.25)	<u>2.282</u>;<u>80.129</u>	0.720;72.391	−0.842;24.785
信念 2(0.50)	2.089;<u>65.773</u>	<u>0.803</u>;33.344	−0.484;−49.289
信念 3(0.75)	1.583;<u>51.418</u>	0.572;−5.703	<u>−0.438</u>;−123.363

注:下划线表示这一行动或信念下独立董事或大股东的最大收益,下同。

由表 3-4 可知,大股东和独立董事在各种行动/信念组合下的期望收益,无论大股东选择何种掏空水平,他的期望收益都是随着独立董事监督信念水平的提高而减少的;无论独立董事选择何种监督信念水平,他的期望收益都是随着大股东掏空水平的提高而减少的。此博弈的纳什均衡是组合(信念 1,行动 1)。这一结果代表着这样一种解决方案:每一个被试对象都对他关于另一被试对象选择的预期做出最优反应,并且双方都没有单边的激励去改变。

第二节　加入不同制度设计的博弈过程

一、独立董事提名制度

在这一部分,我们将考察当大股东有提名独立董事的权力时,他是否会使用这项权力。而当独立董事为大股东提名时,独立董事会不会倾向于采取较低的监督力度;相较基准环境,在上述情况下,大股东是否会采取更高水平的掏空行为。在每一次实验中,我们会与基线条件做对比,其中大股东基于独立董事的监督力度做出决定。

对独立董事提名制度的加入,笔者构想了两种处理方式:其一,大股东了解独立董事往期的监督力度,然后做出选择;其二,独立董事提前告知大股东其的监督力度,然后大股东做出选择。前者的目的是分析大股东在同等条件下是否会优先选择"睁一只眼闭一只眼"的独立董事;后者则是为了确认独立董事在"竞争上岗"的压力下,是否会为了取悦大股东而选用较低的监督力度。为了增强提名制度对独立董事行为的影响,笔者选择了后一种处理方式。

二、独立董事任期制度

对于独立董事任期的考察分为两个层面:第一层次是随着独立董事任期的增长,独立董事与大股东的关系逐渐紧密,则独立董事的监督力度是否会降低,大股东是否会逐渐试探,甚至采取较高水平的掏空行为;第二层次是当大股东干涉独立董事的续聘过程时,随着独立董事任期的延长,任期对于大股东掏空行为的影响是否会继续存在,其中独立董事监督行为的中介效应是否依然显著。在每一次实验中,大股东基于独立董事的监督力度做出决策。在实验过程中的每一期结束后,大股东可以选择是续聘在前一阶段配对的独立董事,还是更换配对的独立董事。

笔者认为独立董事任期制度的出现有助于对两方面的问题进行深入思考:其一,任期的自然延长会导致独立董事监督行为和大股东掏空行为产生何种变化;其二,当独立董事的去留被大股东所左右时,独立董事任期的延长与否与其往期决策是否有关联,任期的延长是否会引发独立董事和大股东之间的合谋行为。

三、独立董事多重兼任制度

大多数文献都是通过外部董事的数量来衡量董事的忙碌程度,这在董事的忙碌程度是否影响公司价值的研究方面提供了较为直接的证据,但在测量上存在一定的差异。普遍的做法是将繁忙的独立董事定义成哑元变量,即独立董事兼任数量达到一定数值就被视为繁忙的独立董事,也可以直接用独立董事兼任数量描述其繁忙程度(Ferris et al.,2003)。独立董事多重兼任制度的设计涵盖在选聘制度设计内,一个独立董事有可能被多家上市公司聘用,而在本部分的实验设置中,多重兼任一方面意味着独立董事对大股东决策的了解程度更深,可以根据每个大股东的不同情况采取不同的监督决策。另一方面,在同样的时间内,独立董事需要做的决策越多,其对于一家上市公司投入的思考时间越有限,则被多家上市公司选择的独立董事做的决策将受到精力的限制。

笔者寄希望于加入这一制度以解答两个问题:其一,大股东是否都倾向于选择监督力度小的独立董事,很多学者认为独立董事的多重兼任意味着其具备高能力与高声誉。本部分对这一观点质疑,即多重兼任可能意味着独立董事无所作为,对大股东做出违法违规或不道德的行为没有威慑力。其二,多重兼任是否会导致独立董事决策的平均化,即独立董事是因为获取了更多的信息而对不同的公司进行针对性的监督决策,还是为了减轻负担而采取平均化的监督决策。

四、声誉制度调节下的博弈过程

法律诉讼威胁这种惩罚机制是每个独立董事都需要面对的外在压力,但大多数上市公司已经为其独立董事购买了责任险,即独立董事不充分监督后受到的惩罚相对较小。如果独立董事不充分监督只面对法律诉讼威胁这种外在压力,而没有其他更强烈的监督动机存在,独立董事会认为把相同的时间和精力投入其他地方产生的收益大于不充分监督被惩罚的成本。因此,本部分认为如果单单是基准设置,不足以引发独立董事积极的监督行为。相对于外部管制因素(法律诉讼威胁)来说,声誉激励作为一种外在的诱因,能够使独立董事在一定程度上有更强的动机从事监督活动。

偏好性声誉制度的加入一方面会激发独立董事的羞耻心,使独立董事有可能会因为自己的名字被公示于众而产生心理负担,为了避免监督失败带来的不适感,而选择加大监督力度(Bergh et al.,2010)。另一方面考察独立董事"黑名单"的存在是否会抑制大股东选择无作为独立董事的意愿,抑或是"黑名单"的存在为有些大股东藏污纳垢提供了便利,即方便个别大股东找到"臭味相投"的独立董事。在这一制度设置中,我们将声誉惩罚按一定权重计入独立董事的惩罚成本,可以得出独立董事综合经济效益和声誉追求下的整体效用。

声誉制度加入后,独立董事监督失败的心理成本增加,假设将独立董事的心理成本纳入基于基准设置的博弈均衡求解过程中,则 $D(f_{ID})$ 的公式由 $0.07 \times M \times t$ 更改为 $0.14 \times M \times t$。

大股东与独立董事博弈的支付矩阵如表 3-5 所示。

表 3-5　大股东与独立董事博弈的支付矩阵

独立董事的监督信念选择		大股东的行动选择		
		行动 1(0.25)	行动 2(0.50)	行动 3(0.75)
信念 1 (0.25)	**大股东收益**			
	期望收益	80.129	72.391	24.785
	掏空被发现(收益;概率)	−1.22;0.405	−148.88;0.405	−394.97;0.405
	掏空未被发现(收益;概率)	135.5;0.595	223;0.595	310.5;0.595
	独立董事的收益			
	期望收益	0.720	−2.404	−5.527
	无惩罚(收益;概率)	3.844;0.745	3.844;0.745	3.844;0.745
	有惩罚(收益;概率)	−8.406;0.255	−20.656;0.255	−32.906;0.255
信念 2 (0.50)	**大股东收益**			
	期望收益	65.773	33.344	−49.289
	掏空被发现(收益;概率)	−1.22;0.510	−148.88;0.510	−394.97;0.510
	掏空未被发现(收益;概率)	135.5;0.490	223;0.490	310.5;0.490
	独立董事的收益			
	期望收益	0.803	−1.770	−4.343
	无惩罚(收益;概率)	3.375;0.790	3.375;0.790	3.375;0.790
	有惩罚(收益;概率)	−8.875;0.210	−21.125;0.210	−33.375;0.210

独立董事的监督信念选择		大股东的行动选择		
		行动 1(0.25)	行动 2(0.50)	行动 3(0.75)
信念 3 (0.75)	**大股东收益** 期望收益 掏空被发现(收益;概率) 掏空未被发现(收益;概率) **独立董事的收益** 期望收益 无惩罚(收益;概率) 有惩罚(收益;概率)	51.418 −1.22;0.615 135.5;0.385 0.573 2.594;0.835 −9.656;0.165	−5.703 −148.88;0.615 223;0.385 −1.449 2.594;0.835 −21.906;0.165	−123.363 −394.97;0.615 310.5;0.385 −3.470 2.594;0.835 −34.156;0.165

而大股东与独立董事的期望收益矩阵如表 3-6 所示。

表 3-6　大股东与独立董事的期望收益矩阵

独立董事的监督信念选择	大股东的行动选择		
	行动 1(0.25)	行动 2(0.50)	行动 3(0.75)
信念 1(0.25)	0.720;80.129	−2.404;72.391	−5.527;24.785
信念 2(0.50)	0.803;65.773	−1.770;33.344	−4.343;−49.289
信念 3(0.75)	0.573;51.418	−1.449;−5.703	−3.470;−123.363

由表 3-6 可知,加入声誉制度后,此博弈的纳什均衡是组合(信念 2,行动 1)。这一结果代表,在原先基础上,独立董事的监督力度趋向加大,而大股东的掏空水平依旧较低。

第四章　实验设计与研究假设

第一节　实验设计

实验在浙江工商大学工商管理学院(MBA 学院)泽尔滕实验室进行,共 4 次(即基准实验、大股东选聘制度实验、"基准设置＋声誉制度"实验、"大股东选聘＋声誉制度"实验),其中声誉制度的设置借鉴了李建标等(2015)的处理,选聘制度的设置则吸纳了 Hamman et al.(2015)的方法。参加实验的研究生和本科生是通过线下招募的。每次实验都有 16 名被试对象,每次实验持续 90—120 分钟,都在线下开展。

每个被试对象都会持有 1 个用于识别的数字,所有被试对象被随机分配到 A(大股东)和 B(独立董事)组,被试类别一经确定则不再变化。基准实验中,1 名独立董事被随机配队 1 名大股东,他们会知道被配对的人的身份和数字,而不是具体身份,且两人配对关系保持不变。为了避免专用术语对被试对象产生心理暗示,实验中将不会使用真实的专用术语。另外,实验中还有一类被试对象,即监事会,由计算机扮演。

角色分配完毕后,将向被试对象分发并朗读实验规则,以确保被试对象清楚这一实验的所有细节。加入大股东选聘制度后,大股东和独立董事不再由实验人员随意配对,取而代之的是大股东从独立董事中选取 1 名与自己配对。

以 5 轮为一阶段,在第 1 轮、第 6 轮、第 11 轮开始前,每个被试对象 A 选择 1

个被试对象 B,每个被试对象 B 针对选择了自己的被试对象 A 做出监督决策,这意味着由多个被试对象 A 选择的被试对象 B 可以对他们施以不同的监督力度。未在一阶段初被选择的 B 坐在位置上等待下一阶段。在所有被选择的被试对象 B 做出决策之后,决策结果将向相应的 A 显示。

在实验结束后,所有被试对象被告知将获得现金报酬,被试对象的报酬由每一轮的收益累加并乘以相应的比例(加上 10 元的参与费)计算得出。独立董事和大股东根据每一轮双方做出决策后的收益增加额或因为每一轮决策后的惩罚减少额确定收益。更确切地说,相较基准设置,选聘制度下的独立董事收入发生了这样的变化:

$$X = 0.5 \times n_i$$
$$C(f_{ID}) = 2.5 \times (f_{ID})^2 \times n_i$$
$$U(f_{ID}) = 0.5 \times n_i - 2.5 \times (f_{ID})^2 \times n_i - (1 - 0.6(f_{ID})) \times 0.3 \times 0.07 \times 350 \times t$$

$$(4\text{-}1)$$

第一,它与现实情景相对符合,可以减少大股东选择独立董事时的公平顾虑。第二,它避免了直接奖励独立董事的行为,从而最大限度地满足大股东意愿(这将使我们的假设结果更可能发生),但由大股东决定独立董事的基础收益是否保留,反而使得独立董事的动机变得更微妙。每次实验的被试对象 A 可以获知同组被试对象 B 的选择,而被试对象 B 直到实验结束才能获知被试对象 A 的选择,但被试对象 B 被惩罚时可以推断被试对象 A 在上一轮的决策。这样设计是为了使大股东一方拥有经验和信息优势,以与现实生活中大股东的优势相匹配。这是一个相对保守的设计,因为独立董事需要从他们被雇用的经历中了解大股东的决定偏好,而大股东只能通过自身的选择决定来传达这些偏好。

实验有 4 个设置,如表 4-1 所示。被试对象 B 所需做的决策是选择 1 个监督力度,被试对象 A 需要做的决策是选择 1 个掏空水平。基准实验的设置是为了检验大股东掏空水平及独立董事监督水平,然后,在此基础上增添了不同的机制设计,以模拟现实情景,意图判断选聘制度中的提名制度、任期制度、多重兼任制度是否会对独立董事监督行为、大股东掏空行为、独立董事监督效率有所影响。

表 4-1　实验设计

设置	设置 1—基准	设置 2—选聘制度	设置 3—声誉制度
干扰机制设计		被试对象 B 做出阶段（5 轮记一阶段）预决策，被试对象 A 根据被试对象 B 的预决策在若干候选人中选出他。每个被试对象 B 可以被不止 1 个被试对象 A 选择，如果被试对象 B 本轮没有被任何被试对象 A 选择，则轮空等待下一阶段。在第 5、10、15 轮实验结束后，被试对象 A 可以继续选择被试对象 B 或是更换被试对象 B	在实验正式开始之前，被试对象 B 要轮流向团队中其他被试对象 B 介绍自己。在正式实验的第 5、10、15 轮结束后，对累计受罚最多及上一阶段受罚最多的被试对象 B 予以通报批评
干扰机制作用机理		大股东提名独立董事这一现实机制对于独立董事的监督独立性和判断力有影响，也会影响大股东的掏空动机	增加独立董事受罚的心理成本，并改变大股东对独立董事监督力度选择的预期
被试对象 A（大股东）	可以获知每一期个人所获得的额外收益额或惩罚额及净收益，另外还可以知道本期同组被试对象 B 的选择，而被试对象 B 不知道被试对象 A 能获知自己的监督信念选择	同基准设置	同基准设置
被试对象 B（独立董事）	可以获知本轮的惩罚额及最终获益。如果监督成功或是外部监管者与独立董事都未发现被试对象 A 的掏空行为，则无法获知或推断被试对象 A 的选择，直到实验结束才能获知个人每次的收益情况及对手的选择	同基准设置，另外在正式实验的几个阶段及全部结束时，也能获知个人每期的收益情况及对手的选择	同基准设置，另外在正式实验的几个阶段及全部结束时，决策者也能获知个人每期的收益情况及对手的选择

第二节　假设提出

本部分使用独立董事和大股东的两人博弈模型来解释独立董事制度发挥效用的机理,其中大股东的掏空行为在本部分研究中归于对掏空力度的选择,而独立董事的行动策略归结为对监督力度的选择。在本部分收益函数的构建上,大股东通过掏空行为可以获得私人收益,如果掏空行为被发现,那么他会遭受惩罚。同样地,如果独立董事没有发现大股东掏空行为而外部监督者发现了,那么独立董事也会受到惩罚。由均衡分析可知,大股东和独立董事之间的博弈存在一个纳什均衡(信念1,行动1)。在这一均衡情况下,独立董事和大股东的期望收益分别是2.282和80.129。

独立董事监督动机主要包括外在动机及内在动机。前者指的是超出监督活动本身的,个体为了获得某种可分离的结果而从事监督活动的倾向,其中结果主要指履行监督活动能够获得的回报及不履行监督活动可能引致的惩罚(宁向东等,2012)。在这种情况下,独立董事受外部因素的限制或者为了规避惩罚而被迫从事监督行为。后者是个体想要监督的内在倾向,是个人运用能力去探索的意愿,是独立董事对其董事身份、股东、组织的认同与维护公平正义的信念。在我国上市公司中大股东存在严重侵害中小股东利益的倾向这一情况下,大股东必然会压制代表中小股东利益并对其进行监督的独立董事:通过不提供进行监督时必要的物力、财力和信息,使独立董事欲行使监督职能则不得不自垫监督成本,使其监督的得益远远低于不监督。在这些因素的共同作用下,独立董事缺乏为中小股东尽力代言的外在约束。因此在基准设置下,会出现所谓的"花瓶董事",即独立董事对大股东掏空行为视若无睹,对保护中小股东权益缺乏信念,采取非常低的监督力度(高雷等,2006;吴育辉等,2010)。

大股东的掏空行为属于风险行为。考虑到内外部监管环境严峻,处罚力度大,大股东在一开始会选择降低自己的掏空期望。因此,一般情况下的基准设置中,大股东会选择较低的保守的掏空水平,期望稳妥地获得掏空收益。

一、独立董事任期制度的假设提出

独立董事的任期越长,则:一方面,独立董事的信息获取会更加充分,因此能够更加有效地监督大股东行为;另一方面,意味着大股东与其的熟悉度越高,就越会进一步降低独立董事的独立性,因此大股东的掏空行为会更加肆无忌惮。而在我国,受到人情因素干扰,任期对独立董事独立性的影响主要表现在两个方面上。第一,人情董事。目前,"关系"时常成为制约独立董事监督职能发挥的重要因素,再加上公司缺少选聘独立董事的专门机构,很多独立董事都是由大股东或者管理层推荐的,他们之间难免存在较强的社会关系。此外,我国独立董事的连任时间最长为 6 年,独立董事与公司管理层和股东长时间共事,不可避免地会产生私人交情,更有甚者,他们之间会存在共同利益,这阻碍了独立董事独立性的提升。第二,中庸处事。我国长期以来形成了睦邻友好的人际关系处理原则、以和为贵的观念和中庸的处世态度,受这些影响,独立董事在董事会决策过程中难免会迎合大股东的意见,从而丧失独立性,并且他们大多数都忙于自己的本职工作,这样就会导致其不了解公司业务,不能充分地履行职责,不能真正从公司利益角度出发做出决策。在监督过程中,影响独立董事监督力度选择的更多的不在于其知情度,而在于其独立性。

因此本部分提出观点:随着任期延长,独立董事逐渐与大股东建立了人际关系,尤其在选聘制度中,独立董事任职的延续需要得到大股东的首肯,因此独立董事的独立性受到抑制,其甚至成为公司的"内部人",这使得他们的监督效果降低。而随着任期延长,大股东获得的信息量远大于独立董事,他们在面对独立董事监督行为时可更迅速地做出掏空行为上的调整,则独立董事任期越长,大股东掏空力度越大。

本部分提出以下假设:

H1a:独立董事任期越长,大股东掏空力度越大。

H1b:在独立董事任期对大股东掏空行为影响的过程中,独立董事监督力度起到中介作用,独立董事任期越长则独立董事监督力度越小,导致大股东掏空力度越大。

二、独立董事提名制度的假设提出

Adams et al.(2007)指出,董事会的监督效力取决于独立董事成员监督的有效性,这一观点得到学界的广泛认同。但当前独立董事的提名制度导致委托代理关系的错位及其独立性的丧失。前文已经提到,独立性是独立董事自由地对公司决策、公司治理过程做出评判的前提,有利于保障独立董事不受限制地行使职权。不得当的提名制度带来如下恶果:独立董事在帮助身处信息弱势的中小股东进行实质性的维权、保护中小股东利益方面表现得非常无力,其对于大股东掏空行为的监管作用并没有充分发挥出来。

Sandra et al.(2017)指出,董事会独立性的发挥受到两种对立力量的影响,一种与董事会基础运作有关,另一种与独立董事提名程序有关。造成目前"花瓶董事""人情董事"普遍存在现象的一个重要原因就在于上市公司内部人(被监督者)控制着独立董事(监督者)监督的奖惩变量——中国一股独大的股权结构现状,决定了独立董事常常由大股东及管理层提名,大股东可以通过直接减少严格监督的独立董事的报酬,甚至以解聘为要挟来降低独立董事监督的效用得益。在这种制度下,独立董事监督会得到惩罚,不监督反而获得激励,其监督职能自然被抑制了。李维安等(2009)建议董事会下设审计、提名和薪酬委员会等部门,以增强董事会独立性。

控股股东可以利用自己的提名权直接提名或选聘独立董事或是利用自己的影响力操控董事会提名或选聘独立董事。当大股东提名独立董事时,其倾向于认为独立董事是"自己人",这种归类使得独立董事的身份不再是为中小股东争取公平权益的发声者,而是大股东恶行的追随者。由此,我们可以得出这样一个结论:在这一独立董事提名方式下所产生的独立董事多数并不独立于公司的控股股东。该项制度设计会使独立董事对任命他们的大股东或管理层富有感激之情,进而损害独立董事的独立性,导致独立董事自发减弱他们的监督意愿。大股东感受到自己对独立董事的把控力后,有更大概率采取较大的掏空力度。这使得独立董事监督成功的可能性更低,监督效率更差。

因此本部分提出以下假设：

H2a：当独立董事由大股东提名时，大股东掏空力度更大。

H2b：在独立董事提名人对大股东掏空行为影响的过程中，独立董事监督力度起到中介作用，当独立董事由大股东提名时，独立董事监督力度变小，导致大股东掏空力度变大。

三、独立董事多重兼任制度的假设提出

现有文献对独立董事兼职对其履职行为的影响存在两种不同认识。有学者认为，兼职独立董事的职业能力更强，雇用兼职独立董事能够提升公司价值（Ferris et al.，2003；Field et al.，2013）；也有学者认为，兼职多家上市公司的独立董事会过于忙碌，这对公司经营管理会产生不利影响（Fich et al.，2006；Jiraporn et al.，2009；Cashman et al.，2012）。如前所述，我们把前者概括为"能力假说"，把后者概括为"精力假说"。我们先梳理和回顾这两类假说的相关重要文献，并在此基础上提出本部分的假设。

(一)独立董事兼职现象的"能力假说"

"独立董事能够在其他上市公司兼职是独立董事能力的体现。"对于这一观点我们可以追溯到 Fama et al.（1983）的研究。他们认为，发挥了良好监督作用的独立董事，因为具有更能胜任该职位的能力而获得其他公司的独立董事职位。辛清泉等（2013）发现，中国上市公司虚假陈述案件中遭受监管处罚的独立董事，未来担任董事职位的数量明显下降。以上结果说明，市场对表现优秀（在成功企业的董事会任职）的独立董事评价更高，这些独立董事将获得更多的兼职机会。同时以往的研究表明，兼职独立董事比单一任职独立董事具有更高的人力资本（Bar-Hava et al.，2013）和更强的声誉激励（Tarkovska，2013；叶康涛等，2011），因而能积极有效地参与公司治理（Field et al.，2013），改善公司的经营管理（Ferris et al.，2003）；兼职独立董事参与公司治理的程度更高，独立董事在不同公司兼职还加强了上市公司的社会连接。已有研究表明，社会关系网络对于公司经营存在

重要影响(Ishii et al.,2014;Schmidt,2015),而公司选聘一位在其他公司兼职的独立董事,客观上加强了与其他公司及其管理层的联系。

(二)独立董事兼职现象的"精力假说"

一些文献指出,独立董事兼职多家上市公司会分散精力(Shivdasani et al.,1999),造成独立董事不能实际发挥公司治理作用,这可能对公司经营管理不利。Fich et al.(2006)发现,聘请更多忙碌的兼职独立董事(兼职数量达到3家及以上)的公司的价值更低,经营绩效更差,在经营表现糟糕时更难以要求经理人离职。同时市场对于这种忙碌独立董事的离职具有明显的正向反应。参考 Fich et al.(2006)的发现,后续研究表明,忙碌的兼职独立董事有更低的到会率,公司治理参与不足(Jiraporn et al.,2009),财报信息质量较低(Chandar et al.,2012),同时公司的多元化折价效应更为明显。

这些独立董事在有限的工作时间任职于多家上市公司,难以想象他们能够为每一家上市公司花费多少时间,贡献多少有效的建议。这样的独立董事无非担任着"橡皮图章"的角色,沦为制度的"花瓶",独立董事的独立身份名存实亡。独立董事在上市公司花费的时间少并且精力有限,注定了其不可能对公司的经营状况有非常详细的了解,也直接导致其无法发挥对董事会监督和制约的功能。繁忙的独立董事面临的现实困境是:如何在诸多的履职义务中分配自身有限的人力资本? 是什么激励着独立董事为任职的企业分配更多的时间与精力? Fama et al.(1983)提出了著名的"声誉激励假说",即独立董事会努力维护自己在劳动力市场中的声誉,因为这影响了他们的人力资本价值及未来获得董事席位的可能性。当独立董事没有有效行使监督职能时,将面临高额的声誉成本(Yermack,2004;Fich et al.,2006;Ertimur et al.,2012)。一方面,受到人力资本的约束,独立董事越繁忙越尽职尽责,借此向外界资本市场传达其认真履职且精明能干的信号,从而提升其声誉;另一方面,繁忙的独立董事因为时间精力有限,无法有效掌握每家任职企业的全部信息,导致严重的信息不对称问题,这使其成为奔波于各个企业和董事会会议的"小蜜蜂",未充分发挥应有的职责。

笔者的观点是:独立董事兼任的上市公司数量越多,独立董事的监督行为越会受到约束,即独立董事的监督动力会减少。从时间分配角度来说,兼任越多,意味着独立董事越没有时间就每家企业特有的大股东掏空情况进行差异化的监督,即他们的监督效率降低,因此他们对于不同监督力度的惩罚感知较弱,也就倾向于守护现有的固定利益,减少对监督成本的投入。而独立董事缺乏条理地确定的监督力度,会使得大股东对于其监督的忌惮心理消退。相比一对一匹配的情况,多重兼任的情况下大股东更倾向于小觑独立董事的监督能力,因此会有更加猖獗的掏空行为。基于以上分析,我们提出如下假设:

$H3a$:独立董事兼任企业数目越多,大股东的掏空力度越大。

$H3b$:在独立董事多重兼任对大股东掏空行为影响的过程中,独立董事监督力度起到中介作用,且独立董事兼任数目增加时,独立董事监督力度变小,导致大股东掏空力度变大。

四、独立董事监督的中介效应

由前文的收益函数可知,监督效果主要取决于大股东的掏空力度、独立董事的监督水平和外部监管者的发现概率。由于监督成本主要与监督力度有关,而外部监管者发现大股东掏空行为的概率为外生给定,监督效率的直接影响因素为大股东的掏空力度和独立董事的监督力度。如果不同的制度设置会影响独立董事监督效率、大股东掏空力度和独立董事监督力度,那么可进一步假定大股东掏空力度、独立董事监督力度在机制设置与监督效率的关系中起着中介作用。由此我们提出如下假设:

$H4$:独立董事监督力度在独立董事制度对大股东掏空行为影响的过程中起到中介作用。

五、独立董事声誉制度的假设提出

本部分认为,由声誉激励产生的监督动机来自以下两个方面:因声誉增加的收益和因声誉受损的成本。国外很多学者针对独立董事履行(或者未履行)某项具体职责研究时发现:独立董事履职情况越好,独立董事的声誉将因此变得越好;

否则,声誉将越差。

从实际情况看,独立董事在接受公司聘请之前,往往都具有了一定的社会声誉。他们可能是其他公司的决策者或者高级管理人员,也可能是非常有名的经济学家或大学教授(宁向东等,2012)。他们担任独立董事除了出于对经济利益的追求,更多的是为了获得声誉回报,向市场传达"他们是决策专家"的信号。作为他们个人职业声誉基础的,是他们的职业能力。这些职业能力的一部分会对上市公司的决策与运作产生影响,可以成为独立董事有效服务上市公司的基础,我们将其称为董事的执业能力。除了职业能力之外,独立董事的职业成功往往基于他们的认真和勤奋,即独立董事的履职情况在很大程度上影响其声誉水平。Fama et al.(1983)、Yermack(2004)认为,独立董事任职主要能获得经济收益和声誉收益。Walther et al.(2017)则把董事任职的动机分为物质激励、声誉、个人成就、企业认同等,主要关注了声誉和物质激励对董事履职行为的影响。Farrell et al.(2000)利用1981—1992年《福布斯》和《华尔街日报》披露的董事会解聘不称职CEO的66例样本进行研究时发现,虽然解聘CEO后独立董事更容易离职,但是其中未与CEO合谋或者聘任了更好的继任CEO后的独立董事将在未来获得更多的其他公司独立董事席位。也就是说,这类独立董事声誉因此而提升。与之相反,若是公司破产或者发布负面消息,独立董事的声誉和口碑就会受到影响。

上述所讨论的"声誉",是经济理论或博弈论中所涉及的声誉,包括自我认知和他人认知的"声望和名誉"。在本部分的研究中,简化地把"声誉"表达为公众对特定对象某方面特征或综合特征的估计值。独立董事声誉制度的设置产生了一种心理力量:独立董事可能因自己的名字被公示而产生一定的心理成本,所以会通过加大监督力度来避免监督失败导致的"不舒服感"(Bergh et al.,2010)。

为了维护自己的声誉,独立董事将拒绝合谋以保持自身外部性与独立性,发挥较完整的监督作用。并且在声誉制度下,大股东知悉独立董事为了维护自身声誉,会采用更合理的监督力度以达到好的监督效果,他们便会倾向于采取较小的掏空力度。独立董事倾向于付出更多的监管成本以实现更好的监督效果,与此同时,大股东的掏空动机也受到抑制,进一步促成独立董事实现监管目的,提高监管效率。因此本部分提出以下假设:

H5:独立董事声誉制度的存在将会对以独立董事监督为中介变量的提名制

度、任期制度、多重兼任制度影响大股东掏空力度的过程起到调节作用。

综合上述研究,我们构建了如图 4-1 所示的理论模型。

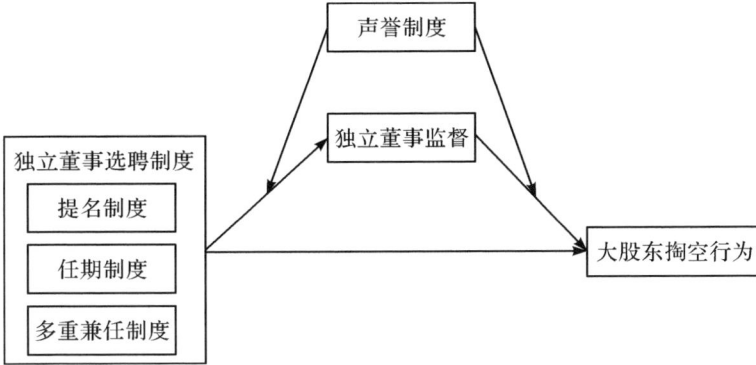

图 4-1　理论模型

第五章 实验结果分析

第一节 选聘制度与声誉制度对参与者行动信念的影响

本节以基准实验的结果为对照,对选聘实验和声誉实验中独立董事与大股东各期的行动或信念选择进行描述性统计,分别分析两种制度设计对独立董事与大股东行为选择分布的影响,从而对假设进行检验。我们还针对参与者个体,具体分析他们在3种实验设置下的行为选择变化情况。

一、基准设置下的行动信念选择

基准实验共有16对参与者,正式实验阶段为15期,因此共有240个选择组合的数据。独立董事监督力度的平均值为0.49,大股东掏空力度的平均值为0.38。表5-1总结了各个行动信念选择组合的个数及其占组合总数的比例。

表 5-1 基准设置下行动信念选择组合的分布

独立董事的监督力度选择	大股东的掏空力度选择			合计
	行动 1(0.25)	行动 2(0.50)	行动 3(0.75)	
信念 1(0.25)	29(12.08%)	36(15.00%)	20(8.33%)	35.42%
信念 2(0.50)	54(22.50%)	15(6.25%)	9(3.75%)	32.50%
信念 3(0.75)	66(27.50%)	6(2.50%)	5(2.08%)	32.08%
合计	62.08%	23.75%	14.17%	

注:表中括号外的数字代表这种行动信念选择组合的发生次数,括号内的百分比表示这种情况占组合总数的比例。

由表 5-1 可知,相比其他行动信念选择组合,独立董事和大股东更多地选择了(行动 1,信念 3)这一组合(即独立董事选择高的监督力度,而大股东选择较小的掏空力度),这一选择次数占到全部组合数的 27.50%,这与假设不一致。这表明独立董事在处于信息劣势的情况下,倾向于认为大股东会更多地选择较大的掏空力度,因而为了防范风险而选择了激进的策略,即不惜承担较高的成本去监督大股东掏空行为。

但观察独立董事与大股东各自的行动可以发现,对于独立董事而言,在 3 种信念中,他们更多地选择了最小的监督力度(占全部行动的 35.42%),选择了中等及最大监督力度的比例相近,前者为 32.50%,后者为 32.08%。这说明,独立董事由于缺乏大股东掏空信息,在有限且次数相对较少的交往过程中,随机因素的影响增大,期望收益和理论上的均衡往往具有较低的预测性,因而他们会抱有更多的投机心理,付出较小的监督力度及监督成本。但当独立董事选择较小的监督力度时,大股东一方面被投机心态推动,另一面畏惧高额的惩罚,因此选择较为分散。

与此同时,我们发现对于大股东而言,首先,在 3 种行动中,他们更多地选择了最小的掏空力度(占全部行动的 62.08%),选择这一行动的大股东人数显著多于其他。其次是选择中等掏空力度的大股东,最后是选择最大掏空力度的大股东。为了进一步支持上述结果,我们对独立董事的 3 类监督力度及大股东掏空力度的选择分布情况进行了卡方检验,从而在统计上证明独立董事在 3 个监督力度和大股东在 3 个掏空力度的选择上的分布是否均匀。检验结果如表 5-2 和表 5-3 所示。

表 5-2　独立董事监督力度选择的卡方检验

监督力度选择	0.25	0.50	0.75
实际频率分布	85(35.42%)	78(32.50%)	77(32.08%)
期望频率分布	80(33.30%)	80(33.30%)	80(33.30%)
卡方	0.475	Sig.	0.789

表 5-3　基准设置下大股东掏空力度选择的卡方检验

掏空力度选择	0.25	0.50	0.75
实际频率分布	149(62.08%)	57(23.75%)	34(14.17%)
期望频率分布	80(33.30%)	80(33.30%)	80(33.30%)
卡方	92.575	Sig.	0.000

以上结果说明,大股东的掏空力度在这 3 个选择上不是均匀分布的,而独立董事的监督力度在这 3 个选择上是均匀分布的。也就是说,大股东的 3 个行动选择的实际频率分布与期望频率分布有显著差异,他们更多地选择了低水平的掏空力度;独立董事的 3 个信念选择的实际频率分布与期望频率分布没有显著差异,即他们更多地选择了最小的监督力度。也就是说,本部分关于基准设置的假设成立。

二、声誉制度下的行动信念选择

基准设置下引入声誉制度的实验共有 8 对参与者,正式实验阶段共有 15 期,因此共有 120 个选择组合的数据。独立董事监督力度的平均值为 0.498,大股东掏空力度的平均值为 0.375。表 5-4 总结了各个行动信念选择组合的个数及其占组合总数的比例。

表 5-4 基准设置下引入声誉制度后行动信念选择组合的分布

独立董事的监督力度选择	大股东的掏空力度选择			合计
	行动 1(0.25)	行动 2(0.50)	行动 3(0.75)	
信念 1(0.25)	13(10.83%)	21(17.50%)	10(8.33%)	36.67%
信念 2(0.50)	21(17.50%)	11(9.17%)	1(0.83%)	27.50%
信念 3(0.75)	39(32.50%)	2(1.67%)	2(1.67%)	35.83%
合计	60.83%	28.33%	10.83%	

由表 5-4 可知,相比其他行动信念选择组合,独立董事和大股东较基准设置更多地选择了(行动 1,信念 3)这一组合(即独立董事选择大的监督力度,而大股东选择最小的掏空力度),这一选择次数占到全部组合数的 32.50%。同时观察独立董事与大股东各自的行动可以发现,在 3 种信念中,选择最小监督力度的独立董事和选择最大监督力度的独立董事的比例极为相近(分别占全部行动的 36.67%和35.83%),而选择中等水平监督力度的独立董事的比例相对较小,占 27.50%。与基准设置比对后发现,声誉制度激发了独立董事采取更大的监督力度。同时,选择中等水平掏空力度的大股东的比例提高。

为了进一步支持上述结论,我们再次对独立董事监督力度及大股东掏空力度的选择分布情况进行卡方检验。

与基准实验中的分布情况相同,独立董事监督力度的选择服从均匀分布,大股东的 3 个选择不是均匀分布的(见表 5-5),即大股东掏空力度选择差异是确实存在的,而且声誉制度下大股东掏空行为有所收敛。

表 5-5 基准设置下引入声誉制度后大股东掏空力度选择的卡方检验

掏空力度选择	0.25	0.50	0.75
实际频率分布	73(60.83%)	34(28.33%)	13(10.83%)
期望频率分布	40(33.30%)	40(33.30%)	40(33.30%)
卡方	46.35	Sig.	0.000

三、选聘设置下的行动信念选择

选聘实验共有 8 对参与者,正式实验阶段共有 15 期,因此共有 120 个选择组合的数据。独立董事监督力度的平均值为 0.504,大股东掏空力度的平均值为 0.373。表 5-6 总结了各个行动信念选择组合的个数及其占组合总数的比例。

表 5-6　选聘设置下行动信念选择组合的分布

独立董事的监督力度选择	大股东的掏空力度选择			合计
	行动 1(0.25)	行动 2(0.50)	行动 3(0.75)	
信念 1(0.25)	14(11.67%)	18(15.00%)	5(4.17%)	30.83%
信念 2(0.50)	28(23.33%)	13(10.83%)	3(2.50%)	36.67%
信念 3(0.75)	30(25.00%)	6(5.00%)	3(2.50%)	32.50%
合计	60.00%	30.83%	9.17%	

由表 5-6 可知,相比其他行动信念选择组合,(行动 1,信念 2)和(行动 1,信念 3)这两个组合(即独立董事选择中等及高水平的监督力度,而大股东选择较低水平的掏空力度)的比重较大,选择次数共占到全部组合数的 48.33%,其中(行动 2,信念 1)这一组合的比重也占到 15.00%,说明在大股东干涉独立董事选聘机制的设置中,独立董事选择的监督力度有所减小,而大股东掏空力度有所加大。

为了进一步支持上述结论,我们再次进行了卡方检验,检验结果显示独立董事监督力度的选择分布均匀,而大股东掏空力度的选择并不是均匀分布的,其结果如表 5-7 所示。

表 5-7　选聘设置下大股东掏空力度选择的卡方检验

掏空力度选择	0.25	0.50	0.75
实际频率分布	72(60.00%)	37(30.83%)	11(9.17%)
期望频率分布	40(33.30%)	40(33.30%)	40(33.30%)
卡方	46.85	Sig.	0.00

大股东在 3 种行动中更多地选择了最低水平的掏空力度与中等水平的掏空

力度(分别占全部行动的 60.00% 和 30.83%)。也就是说,在选聘制度整体作用下,大股东掏空行为较基准设置并没有显著变化。

四、选聘制度下引入声誉制度的行动信念选择

选聘设置下,引入声誉制度的实验共有 8 对参与者,正式实验阶段共有 15 期,因此共有 120 个选择组合的数据。独立董事监督力度的平均值为 0.504,大股东掏空力度的平均值为0.285。表 5-8 总结了各个行动信念选择组合的个数及其占组合总数的比例。

表 5-8　选聘设置下引入声誉制度后行动信念选择组合的分布

独立董事的监督力度选择	大股东的掏空力度选择			合计
	行动 1(0.25)	行动 2(0.50)	行动 3(0.75)	
信念 1(0.25)	31(25.83%)	7(5.83%)	1(0.83%)	32.50%
信念 2(0.50)	34(28.33%)	5(4.17%)	1(0.83%)	33.33%
信念 3(0.75)	40(33.33%)	1(0.83%)	0(0%)	34.17%
合计	87.50%	10.83%	1.67%	

由表 5-8 可知,相比其他行动信念选择组合,独立董事和大股东更多地选择了(行动 1,信念 3)这一组合(即独立董事选择高水平的监督力度,而大股东选择较低水平的掏空力度),选择次数占到全部组合数的 33.33%。观察独立董事与大股东各自的行动可以发现,对于独立董事而言,在 3 种信念中,他们更多地选择了最高水平的监督力度(占全部行动的 34.17%),选择了中等水平最较低水平监督力度的比例相近,前者占 33.33%,后者占 32.50%。

与此同时,我们发现对于大股东而言,在 3 种行动中,他们也更多地选择了最低水平的掏空力度(占全部行动的 87.50%),选择这一行动的大股东人数显著多于其他。其次是选择中等掏空力度的大股东,最后是选择最大掏空力度的大股东。卡方检验结果显示,独立董事的决策选择分布均匀,而大股东的决策选择的分布并不均匀(见表 5-9),他们更多地选择了最低水平的掏空力度。

表 5-9　选聘设置下引入声誉制度后大股东掏空力度选择的卡方检验

掏空力度选择	0.25	0.50	0.75
实际频率分布	105(87.50%)	13(10.83%)	2(1.67%)
期望频率分布	40(33.30%)	40(33.30%)	40(33.30%)
卡方	159.95	Sig.	0.00

第二节　大股东选聘表现描述性分析

选择两场大股东干扰选聘过程的实验,观察大股东是否倾向于选择执行低水平监督力度的独立董事,各轮独立董事的预决策与大股东选择情况如表 5-10 所示。

表 5-10　无声誉制度下独立董事预决策与大股东选择

阶段	B1 预决策	B2 预决策	B3 预决策	B4 预决策	B5 预决策	B6 预决策	B7 预决策	B8 预决策
第一轮	0.25	0.25	0.50	0.50	0.25	0.50	0.25	0.25
第二轮	0.25	0.25	0.25	0.25	0.25	0.25	0.75	0.50
第三轮	0.25	0.25	0.50	0.25	0.25	0.25	0.75	0.75

阶段	A1 决策	A2 决策	A3 决策	A4 决策	A5 决策	A6 决策	A7 决策	A8 决策
第一轮	2	4	3	2	7	3	3	5
第二轮	3	2	3	2	4	8	4	6
第三轮	3	2	3	2	4	6	4	6

从表 5-10 可知,在无声誉制度下独立董事更多地选择最低水平的监督力度,而大股东较多地选择实行中等及以下水平监督力度的独立董事,选择高水平监督力度的独立董事没有被任何大股东选聘。由此可知,大股东为了有机会攫取更大利益,在选聘独立董事时会倾向于选择他们认为会默许或容忍其掏空行为的独立董事,而呈现出高责任感和使命感的独立董事,他们会避免选择。

从表 5-11 可知,在加入声誉制度后,选择最低水平监督力度的独立董事明显减少。在履职过程中,独立董事更多地选择中等水平的监督力度,但大股东在同等条件下仍旧优先选择实行中等及以下水平监督力度的独立董事,选择高水平监督力度的独立董事在最后一轮被一位大股东选聘。由此可知,声誉制度加入之后独立董事的监督力度加大,但大股东还是更多地选择实行低水平监督力度的独立董事。综上可知,独立董事声誉制度的设置不仅增加了独立董事监督失败的心理成本,还向独立董事团队和大股东公开批评了声誉最差的独立董事。表 5-12 中列示了每一轮独立董事的受批评情况,以及大股东的续聘意向。

表 5-11 声誉制度下独立董事预决策与大股东选择

阶段	B1 预决策	B2 预决策	B3 预决策	B4 预决策	B5 预决策	B6 预决策	B7 预决策	B8 预决策
第一轮	0.50	0.50	0.50	0.50	0.50	0.50	0.50	0.75
第二轮	0.75	0.75	0.50	0.25	0.25	0.25	0.25	0.50
第三轮	0.25	0.50	0.50	0.25	0.75	0.50	0.25	0.50

阶段	A1 决策	A2 决策	A3 决策	A4 决策	A5 决策	A6 决策	A7 决策	A8 决策
第一轮	4	3	3	5	2	6	3	3
第二轮	6	6	6	4	7	4	7	5
第三轮	1	1	1	5	7	1	7	8

由表 5-12 可知,大股东会避免选择一个阶段结束后遭到声誉批评的独立董事,同时在 3 轮博弈过程中,始终选择续聘选择较低水平监督力度的独立董事。由此可见,独立董事声誉制度的设置对大股东起到了警示作用,可以过滤掉一部分极度无作为、监督效率很低的独立董事。

表 5-12 声誉制度下独立董事所受的声誉惩罚与大股东选择

阶段	A 的编号	B 的编号	B 承诺决策	A 决策平均值	B 决策平均值	是否续聘	是否被批评
				0.3190	0.5310		
第1轮	1	4	0.50	0.30	0.60		0
	2	3	0.50	0.25	0.40		1
	3	3	0.50	0.25	0.50		1
	4	5	0.50	0.30	0.55		0
	5	2	0.50	0.25	0.55		0
	6	6	0.50	0.35	0.65		0
	7	3	0.50	0.45	0.45		1
	8	3	0.50	0.40	0.55		1
				0.2625	0.5000		
第2轮	1	6	0.25	0.25	0.70	0	1
	2	6	0.25	0.25	0.60	0	1
	3	6	0.25	0.25	0.65	0	1
	4	4	0.25	0.30	0.40	0	0
	5	7	0.25	0.25	0.25	0	0
	6	4	0.25	0.30	0.50	0	0
	7	7	0.25	0.25	0.25	0	0
	8	5	0.25	0.25	0.65	0	0
				0.2750	0.4813		
第3轮	1	1	0.25	0.35	0.35	0	
	2	1	0.25	0.25	0.40	0	
	3	1	0.25	0.25	0.65	0	
	4	5	0.75	0.25	0.70	0	
	5	7	0.25	0.35	0.25	1	
	6	1	0.25	0.25	0.55	0	
	7	7	0.25	0.25	0.25	1	
	8	8	0.50	0.25	0.70	0	

第三节 独立董事监督决策描述性分析

在由大股东选聘的情况下,如果独立董事被两个或以上的大股东选择,独立董事进行监督决策时是否会一视同仁呢?表 5-13 中显示,兼任数为 2 的独立董事的监督选择标准差为 0.21,大股东的掏空选择标准差为 0.15;兼任数为 3 的独立董事的监督选择标准差为 0.14,大股东的掏空选择标准差为 0.15;兼任数为 4 的独立董事的监督选择标准差为 0.18,大股东的掏空选择标准差为 0.13。即独立董事会根据历次收益情况判断不同大股东的掏空倾向,做出差异化的监督选择。

进一步观察发现,当兼任数为 2 的时候,独立董事对不同大股东施加的监督力度的一致性更高,这可能是 3 个方面原因造成的:①独立董事获取的信息量少,对大股东掏空力度差异性的觉察能力弱,因此他们选择"一碗水端平";②独立董事监督积极性不高,因此不愿意去分辨两个大股东掏空力度的差异;③独立董事兼任数增加后,其对于不同大股东掏空行为的责任意识增强,为了提高监督效率,他们会花费更多时间调整自身监督决策。

多重兼任条件下独立董事决策差异情况如表 5-13 所示。

表 5-13 多重兼任条件下独立董事决策差异

兼任数	配对的B编号	轮数	B决策标准差	A决策标准差	兼任数	配对的B编号	轮数	B决策标准差	A决策标准差
2	10		0.21	0.15	2	20		0.16	0.11
			0.20	0.17			6	0.00	0.00
		1	0.00	0.18			7	0.00	0.00
		2	0.00	0.18			8	0.35	0.00
		3	0.00	0.00			9	0.00	0.00
		4	0.18	0.00			10	0.00	0.00
		5	0.18	0.18		23		0.00	0.08
		6	0.00	0.00			6	0.00	0.00
		7	0.00	0.00			7	0.00	0.00
		8	0.00	0.00			8	0.00	0.00

续　表

兼任数	配对的B编号	轮数	B决策标准差	A决策标准差	兼任数	配对的B编号	轮数	B决策标准差	A决策标准差
2	10	9	0.00	0.18	2	23	9	0.00	0.00
		10	0.35	0.00			10	0.00	0.00
		11	0.35	0.18			11	0.00	0.00
		12	0.00	0.18			12	0.00	0.18
		13	0.00	0.00			13	0.00	0.00
		14	0.00	0.18			14	0.00	0.18
		15	0.00	0.18			15	0.00	0.00
	11		0.15	0.17	3	11		0.14	0.15
		6	0.18	0.00				0.12	0.18
		7	0.18	0.00			1	0.00	0.25
		8	0.18	0.18			2	0.14	0.14
		9	0.00	0.35			3	0.14	0.25
		10	0.00	0.18			4	0.14	0.14
		11	0.00	0.00			5	0.14	0.14
		12	0.18	0.00		22		0.16	0.00
		13	0.00	0.18			6	0.14	0.00
		14	0.18	0.00			7	0.14	0.00
		15	0.18	0.35			8	0.29	0.00
	12		0.17	0.17			9	0.14	0.00
		6	0.00	0.18			10	0.14	0.00
		7	0.00	0.18				0.21	0.08
		8	0.00	0.00	4			0.18	0.13
		9	0.00	0.18		17	11	0.21	0.08
		10	0.00	0.00			12	0.24	0.13
		11	0.00	0.18			13	0.24	0.00
		12	0.00	0.35			14	0.24	0.00
		13	0.00	0.18			15	0.14	0.00
		14	0.00	0.00		19		0.16	0.17
		15	0.00	0.35			1	0.20	0.13

续　表

兼任数	配对的 B编号	轮数	B决策 标准差	A决策 标准差	兼任数	配对的 B编号	轮数	B决策 标准差	A决策 标准差
2	14		0.12	0.11	4	19	2	0.14	0.00
		11	0.00	0.18			3	0.00	0.24
		12	0.00	0.18			4	0.20	0.24
		13	0.18	0.00			5	0.20	0.00
		14	0.18	0.00					
		15	0.18	0.00					

　　此后笔者还考察了当独立董事采取高水平监督力度但仍被惩罚时,其监督积极性是否会消退。为了验证这一疑问,笔者筛选出独立董事的监督力度为 0.75 但仍被惩罚的 34 次决策情况,将处于阶段末次的决策情况剔除,得到 31 次决策情况,再筛选该组别下一轮的决策情况,发现有 8 组 B 倾向于在下一轮给出 0.25 的决策力度,9 组 B 倾向于给出 0.50 的决策力度,14 组 B 倾向于继续给出 0.75 的决策力度,这些 B 在下一轮的平均决策力度为 0.548。这说明独立董事选择尽责但仍受到惩罚后,其监督意愿会受到一定程度的打击,但尽责的独立董事大多仍会采取中等水平以上的监督力度,其中大约 40%[①]的独立董事选择坚持最高水平的监督力度。建议采取措施为这批尽责的独立董事提供履职保障,以确保他们的监督积极性不会降低。如推广在我国应用尚不广泛的独立董事职业责任保险。国外企业大多为独立董事购买职业责任保险以帮助其规避履行职责造成的风险,但针对这方面国内学者有不同的声音。有学者认为,独立董事职业责任保险对独立董事尽责前提的规定保障了独立董事的履职勤勉度及独立性,提高了独立董事获取信息的质量;也有学者认为,独立董事职业责任保险的存在会使得法律诉讼对于独立董事的惩戒作用被削弱,值得进一步商榷。进一步按性别进行遴选后发现,女性独立董事(15 组)给出的平均决策力度为 0.433,而男性独立董事(16 组)给出的平均决策力度为 0.656。这在一定程度上说明了尽责但仍被惩罚后,女性独立董事的受挫感要强于男性独立董事。

---

　　① 14 组 B 倾向于继续给出 0.75 的决策力度,占总的 34 组的比例约为 40%(14/34≈41.2%)。

第四节　模型检验

一、相关性检验

为了检验模型中各变量之间是否存在共线性问题,提高本部分研究结果的准确性,故进行关联性检验,检验结果见表 5-14。从表 5-14 中可以看出,独立董事监督与大股东掏空的相关系数为 -0.355,P 值为 0.000,因此在 0.01 的检验水平上显著,说明独立董事监督和大股东掏空之间具有相关性。声誉制度与大股东掏空的相关系数为 -0.140,P 值为 0.001,因此在 0.01 的检验水平上显著,说明声誉制度与大股东掏空之间也具有相关性。大股东提名和多重兼任与大股东掏空均具有相关性,其中大股东提名与大股东掏空的相关关系在 0.01 的检验水平上显著,而多重兼任与大股东掏空的相关关系在 0.05 的检验水平上显著。

通常情况下,在 Pearson 相关性检验中,如果各变量之间的相关系数大于 0.80,那么即可认为变量之间存在多重共线性问题,从表 5-14 中可以看出,本部分模型中各变量之间的相关系数都小于 0.80,故不存在研究变量间的多重共线性问题,可以进一步进行二元 Logistic 回归分析。

表 5-14　相关性分析

变量		独立董事监督	大股东掏空	独立董事性别	大股东性别	声誉制度	大股东提名	任期	多重兼任制度
独立董事监督	Pearson 相关性	1.000	-0.355^{**}	0.403^{**}	0.051	0.012	0.025	-0.062	0.001
	显著性(双侧)		0.000	0.000	0.210	0.761	0.544	0.129	0.981
	N	600	600	600	600	600	600	600	600

续　表

变量		独立董事监督	大股东掏空	独立董事性别	大股东性别	声誉制度	大股东提名	任期	多重兼任制度
大股东掏空	Pearson 相关性	−0.355**	1.000	−0.201**	−0.025	−0.140**	−0.145**	0.060	−0.101*
	显著性（双侧）	0.000	0.000	0.539	0.001	0.000	0.144	0.013	
	N	600	600	600	600	600	600	600	600
独立董事性别	Pearson 相关性	0.403**	−0.201**	1.000	0.212**	0.000	0.108**	−0.029	−0.068
	显著性（双侧）	0.000	0.000	0.000	1.000	0.008	0.471	0.096	
	N	600	600	600	600	600	600	600	600
大股东性别	Pearson 相关性	0.051	−0.025	0.212**	1.000	0.061	0.061	−0.013	−0.047
	显著性（双侧）	0.210	0.539	0.000	0.134	0.134	0.750	0.248	
	N	600	600	600	600	600	600	600	600
声誉制度	Pearson 相关性	0.012	−0.140**	0.000	0.061	1.000	0.167**	−0.170**	0.251**
	显著性（双侧）	0.761	0.001	1.000	0.134	0.000	0.000	0.000	
	N	600	600	600	600	600	600	600	600
大股东提名	Pearson 相关性	0.025	−0.145**	0.108**	0.061	0.167**	1.000	−0.447**	0.684**
	显著性（双侧）	0.544	0.000	0.008	0.134	0.000	0.000	0.000	
	N	600	600	600	600	600	600	600	600
任期	Pearson 相关性	−0.062	0.060	−0.029	−0.013	−0.170**	−0.447**	1.000	−0.338**
	显著性（双侧）	0.129	0.144	0.471	0.750	0.000	0.000	0.000	
	N	600	600	600	600	600	600	600	600

续　表

变量		独立董事监督	大股东掏空	独立董事性别	大股东性别	声誉制度	大股东提名	任期	多重兼任制度
多重兼任制度	Pearson相关性	0.001	−0.101*	−0.068	−0.047	0.251**	0.684**	−0.338**	1.000
	显著性（双侧）	0.981	0.013	0.096	0.248	0.000	0.000	0.000	
	N	600	600	600	600	600	600	600	600

注：表中 ** 表示在 0.01 水平（双侧）上显著相关，* 表示在 0.05 水平（双侧）上显著相关。

二、主效应与中介效应的假设检验

为了检验模型中的解释变量是否可以很好地说明被解释变量，本部分进行模型的拟合优度检验，检验结果见表 5-15。

表 5-15　样本模型拟合优度检验模型汇总

模型	R	R^2	调整 R^2	标准估计的误差	更改统计量				
					R^2 更改	F 更改	df1	df2	Sig. F 更改
1	0.262[a]	0.069	0.059	0.16202	0.069	7.308	6	593	0.000
2	0.395[b]	0.156	0.146	0.15440	0.087	60.929	1	592	0.000

注：a 表示预测变量（常量）包括大股东性别、任期、独立董事性别、多重兼任制度、大股东提名、阶段。

b 表示预测变量（常量）包括大股东性别、任期、独立董事性别、多重兼任制度、大股东提名、阶段、独立董事监督。

从表 5-15 可知，加入中介变量后的模型 2 调整 R^2 为 0.146。一般情况下模型的调整 R^2 超过 0.1 就是更好的，说明模型 2 的解释力度大于模型 1。

表 5-16 中，模型 1 和模型 2 中显著性水平均为 0.000＜0.05，表明模型总体显著，同时回归系数不为 0。由这两张表可知模型 2 的拟合优度是比较高的，可以进行二元 Logistic 回归分析。

表 5-16　样本模型拟合优度检验(Anova)

模型		平方和	df	均方	F	Sig.
1	回归	1.151	6	0.192	7.308	0.000b
	残差	15.566	593	0.026		
	总计	16.717	599			
2	回归	2.603	7	0.372	15.601	0.000c
	残差	14.113	592	0.024		
	总计	16.717	599			

注:因变量为大股东掏空。

b 表示预测变量(常量)包括大股东性别、任期、独立董事性别、多重兼任制度、大股东提名、阶段。

c 表示预测变量(常量)包括大股东性别、任期、独立董事性别、多重兼任制度、大股东提名、阶段、独立董事监督。

表 5-17 中,独立董事性别的 Sig. $=0.000<0.050$(在性别的分类标识中,女性标 1,男性标 2),独立董事性别的影响系数为 -0.076,可见女性独立董事进行监督时,大股东掏空力度更大。

表 5-17　主效应与中介效应检验结果系数

模型		非标准化系数		标准系数	t	Sig.
		B	标准误差	试用版		
1	(常量)	0.510	0.039	13.248	0.000	
	大股东提名	−0.018	0.021	−0.052	−0.871	0.384
	阶段	−0.033	0.013	−0.182	−2.650	0.008
	任期	0.031	0.015	0.151	2.054	0.040
	多重兼任制度	−0.009	0.011	−0.049	−0.873	0.383
	独立董事性别	−0.076	0.015	−0.215	−5.148	0.000
	大股东性别	−0.006	0.014	−0.019	−0.428	0.669

续　表

模型		非标准化系数		标准系数	t	Sig.
		B	标准误差	试用版		
2	（常量）	0.581	0.038	15.367	0.000	
	大股东提名	−0.031	0.020	−0.091	−1.580	0.115
	阶段	−0.028	0.012	−0.152	−2.322	0.021
	任期	0.021	0.015	0.103	1.463	0.144
	多重兼任制度	−0.005	0.010	−0.026	−0.484	0.629
	独立董事性别	−0.027	0.015	−0.075	−1.726	0.085
	大股东性别	−0.007	0.014	−0.022	−0.531	0.596
	独立董事监督	−0.264	0.034	−0.324	−7.806	0.000

注：因变量为大股东掏空。

有研究表明，女性独立董事的特征对其监督能力与公司治理绩效有积极的影响。比如女性独立董事注重管理职责的履行，她们出席董事会时所做的记录会更好，即监督更加尽责（Adams et al.，2009）。Strum（2015）的研究表明，挪威公司会根据个人能力选择女性独立董事，且女性董事起到了较强的监督作用。Hamzah et al. （2014）以2012年马来西亚的上市公司为研究对象，发现增加女性独立董事利于董事会发挥监督管理作用并完善公司治理，从而减小公司利益被侵占的可能性。Vafaei et al. （2015）以2005—2011年澳大利亚前500名上市公司为研究对象，在公司特征、股权特征和公司治理特征及内生性问题得到有效控制的基础上研究发现，女性独立董事比例与公司业绩显著正相关。Post et al.（2015）的研究表明，女性独立董事与会计收益之间有着显著的正相关关系，拥有较多的女性独立董事可能会影响投资者对公司未来收入潜力的评估。Kim et al.（2016）的研究表明，女性独立董事可以提供额外的专业知识，额外的专业知识能提高董事会异质性，增加公司价值。

但也有学者认为女性独立董事对其监督能力与公司治理绩效有消极或不显著的影响。况学文等（2011）的研究表明，女性独立董事比例与公司财务绩效之间存在显著的负相关关系，表明女性独立董事在一定程度上损害了公司财务绩效。原因如下：一方面，部分女性独立董事比男性独立董事更保守，倾向于规避风险，这在一定程度上损害了公司财务绩效；另一方面，部分女性独立董事过于严厉的监督和干预反而会在一定程度上损害公司财务绩效,尽管女性独立董事能够在一定程度上提高董事会的监督职能和治理效率。连兵等(2015)也得出了类似结论。

目前讨论我国公司中女性独立董事治理功能的研究屈指可数(刘绪光等,2010;况学文等,2011;祝继高等,2012;周泽将等,2013),无论是国内还是国外,同时关于女性独立董事对公司业绩影响的研究结论并不统一,已有研究主要探讨经济发达国家中女性独立董事的治理效应,而本部分则分析了我国特殊国情下女性独立董事对于大股东掏空的治理作用,且对女性独立董事发挥作用的机制和途径进行了一定的梳理,结论将为公司治理研究的完善和女性职业的发展提供一定的经验数据。

表 5-17 中,任期的 Sig. =0.040<0.050,说明任期对于大股东掏空的影响是显著的,任期的影响系数为 0.031,即独立董事的任期越长,大股东越倾向于选择较高水平的掏空力度。这意味着本书研究假设 $H1a$ 成立。随着任期延长,大股东信息量获取更充分,且对于独立董事的掌控也更强。但假设 $H2a$、$H3a$ 未得到验证。

在加入独立董事监督之后,任期及独立董事性别的影响不再显著。与此同时,独立董事监督的 Sig. =0.000<0.050,说明独立董事监督作为中介变量,对于大股东掏空的影响是显著的。

如表 5-18 所示,独立董事性别的 Sig. 值为 0.000<0.050,任期的 Sig. 值为 0.033<0.050,因此独立董事监督对于任期、独立董事性别与大股东掏空之间的关系具有完全中介效应。其中独立董事性别的影响系数为 0.188,即男性独立董事倾向于选择较高水平的监督力度。而任期的影响系数为-0.038,即随着独立董事任期的延长,独立董事监督力度变小。也就是说,任期对于大股东掏空的影响受到独立董事监督的中介作用的影响,即独立董事任期越长,独立董事的监督力度越小,大股东获知独立董事的监督力度变化后加大了掏空力度。因此假设 $H1b$ 得到验证。

与此同时,我们也发现,大股东提名的 Sig. =0.036<0.050,说明大股东提名对独立董事监督力度选择的影响显著,并且其影响系数为-0.050,即大股东提名时,独立董事的监督力度显著减小。其他几项均不显著。

表 5-18 中介变量检验结果系数

模型		非标准化系数		标准系数	t	Sig.
		B	标准误差	试用版		
1	（常量）	0.269	0.045	6.015	0.000	
	独立董事性别	0.188	0.017	0.431	10.948	0.000
	大股东性别	−0.004	0.017	−0.010	−0.256	0.798
	大股东提名	−0.050	0.024	−0.119	−2.098	0.036
	阶段	0.021	0.015	0.091	1.417	0.157
	任期	−0.038	0.018	−0.148	−2.143	0.033
	多重兼任制度	0.017	0.012	0.070	1.344	0.179

注:因变量为独立董事监督。

三、调节作用检验

(一)提名制度—大股东掏空影响路径中声誉制度调节作用检验

此时自变量和调节变量都是分类变量,调节效应的检验是多元方差分析中的交互作用显著性分析,大股东提名存在是与否两种情况,声誉制度也存在有与无两种情况,因此可以做 2×2 交互作用方差分析。

观察主体间效应的检验表 5-19,发现声誉制度和大股东提名对大股东掏空均有显著影响,声誉制度和大股东提名的交互项对大股东掏空的影响也非常显著。因此,声誉制度对于大股东提名与大股东掏空之间的关系存在显著的调节效应。

表 5-19 提名制度—大股东掏空过程中声誉制度调节检验

源	Ⅲ型平方和	df	均方	F	Sig.
校正模型	0.812[a]	3	0.271	10.138	0.000
截距	68.506	1	68.506	2567.110	0.000
声誉制度	0.295	1	0.295	11.042	0.001
大股东提名	0.322	1	0.322	12.057	0.001
声誉制度×大股东提名	0.232	1	0.232	8.700	0.003

源	Ⅲ型平方和	df	均方	F	Sig.
误差	15.905	596	0.027		
总计	93.938	600			
校正的总计	16.717	599			

注:因变量为大股东掏空,a 表示 $R^2=0.049$,调整 $R^2=0.044$。

根据概要文件图 5-1,图中两条线有交叉趋势,即存在交叉作用,表明声誉制度使得大股东提名对于大股东掏空的影响更加明显,且能清楚地看到当声誉制度存在时,由大股东提名独立董事,其掏空力度显著小于不由大股东提名时。声誉制度的调节作用路径与假设保持一致,当声誉制度存在时,大股东受其威慑会收敛自己的掏空行为,在图中表现为由左往右向下倾斜的趋势。概括地说,声誉制度的存在,一来会促使独立董事采取更加有效的监督,使得大股东掏空行为被发现的概率增大,迫使大股东改变自己的掏空行为;二来要求对受罚最高、监督效率较差的独立董事进行批评,实际上是变相谴责其所对应的大股东,即对大股东进行了间接警告。

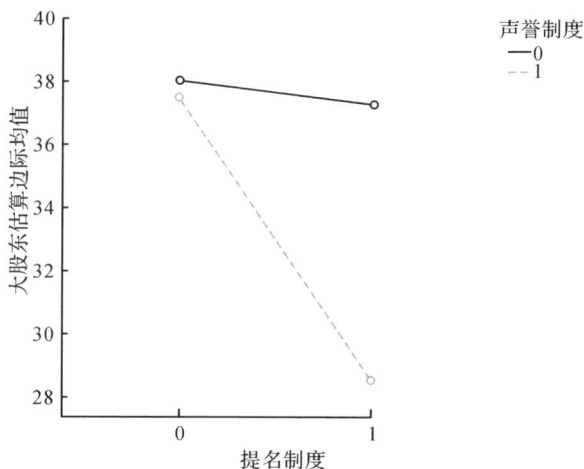

图 5-1　提名制度—大股东掏空过程中声誉制度调节概要文件图

注:提名制度中 0 代表无,1 代表有;声誉制度中 0 代表无,1 代表有。

但大股东提名这一主效应与本部分提出的假设恰恰相反。在实验过程中,大股东提名并没有提升大股东对独立董事的掌控力,使其可肆无忌惮地进行掏空,相反增加了他们掏空的心理负担。笔者经过深入分析认为原因可能在于,当大股东提名独立董事时,他们的掏空行为不只增加了自身的负罪感,也增加了与处于同一利益集团的独立董事对着干的心理压力及连带独立董事受罚的负疚感,在这样的心理压力下,大股东选择了更低水平的掏空力度。

(二)多重兼任制度—大股东掏空影响路径中声誉制度调节作用检验

从表 5-20 可知,模型 1、2、3 的调整 R^2 分别为 0.068、0.086 和 0.115,只有模型 3 的调整 R^2 超过 0.1,即模型 3 的拟合优度最高。

表 5-20　多重兼任制度—大股东掏空的模型拟合优度检验汇总

模型	R	R^2	调整 R^2	标准估计的误差
1	0.260[a]	0.068	0.060	0.16198
2	0.293[b]	0.086	0.075	0.16066
3	0.339[c]	0.115	0.103	0.15825

注:a 表示预测变量(常量)包括任期、大股东性别、独立董事性别、大股东提名和阶段。

b 表示预测变量(常量)包括任期、大股东性别、独立董事性别、大股东提名、阶段、标准化(声誉制度)和标准化(多重兼任制度)。

c 表示预测变量(常量)包括任期、大股东性别、独立董事性别、大股东提名、阶段、标准化(声誉制度)、标准化(多重兼任制度)和声誉制度与多重兼任制度的交互项。

表 5-21 中,模型 1、2、3 的显著性水平均为 0.000＜0.050,表明模型总体显著,并且回归系数不为 0。由表 5-20 和表 5-21 可知,模型 3 的拟合优度是比较高的,可以进行二元 Logistic 回归分析。

表 5-21　多重兼任制度—大股东掏空的模型拟合优度检验(Anova)

模型		平方和	df	均方	F	Sig.
1	回归	1.131	5	0.226	8.621	0.000[b]
	残差	15.586	594	0.026		
	总计	16.717	599			
2	回归	1.436	7	0.205	7.948	0.000[c]
	残差	15.281	592	0.026		
	总计	16.717	599			

模型		平方和	df	均方	F	Sig.
3	回归	1.916	8	0.239	9.562	0.000d
	残差	14.801	591	0.025		
	总计	16.717	599			

注：因变量为大股东掏空。

b 表示预测变量(常量)包括任期、大股东性别、独立董事性别、大股东提名和阶段。

c 表示预测变量(常量)包括任期、大股东性别、独立董事性别、大股东提名、阶段、标准化(声誉制度)和标准化(多重兼任制度)。

d 表示预测变量(常量)包括任期、大股东性别、独立董事性别、大股东提名、阶段、标准化(声誉制度)、标准化(多重兼任制度)和声誉制度与多重兼任制度的交互项。

本部分以多重兼任制度为自变量、大股东掏空为因变量,声誉制度作为调节变量。其中多重兼任制度的影响系数为 0.036,声誉制度与多重兼任制度交互项的影响系数为 −0.040,即独立董事兼任企业数目越大,大股东掏空力度越大,而声誉制度的加入调节了多重兼任制度与大股东掏空力度之间的关系,使得多重兼任制度对于大股东掏空的影响被削弱。另外,独立董事兼任其他公司独立董事的席位数量在诉讼之后显著下降;上市公司财务造假问题越严重,或者独立董事在财务造假中责任越大,独立董事声誉下降得越厉害。这符合学者们提出的繁忙独立董事假说,独立董事的监督能力(时间、精力)是一种稀缺资源,如果独立董事同时任职于多家上市公司,就需要将有限的资源进行分配,意味着如果独立董事任职的席位数越多,其平均分配在每家上市公司的时间与精力就越少,从某种程度上也代表了独立董事对大股东掏空行为的信息分析水平降低,以至于无法行使富有成效的监督。同时,独立董事监督效力的下降使得大股东有恃无恐地采取掏空手段。具体如表 5-22 所示。

表 5-22　多重兼任制度—大股东掏空过程中声誉制度调节效应检验结果系数

模型		非标准化系数		标准系数	t	Sig.
		B	标准误差	试用版		
1	（常量）	0.497	0.035	14.167	0.000	
	独立董事性别	−0.074	0.015	−0.209	−5.075	0.000
	大股东性别	−0.005	0.014	−0.016	−0.371	0.711
	大股东提名	−0.029	0.016	−0.085	−1.809	0.071
	阶段	−0.034	0.013	−0.184	−2.688	0.007
	任期	0.032	0.015	0.154	2.111	0.035

模型		非标准化系数		标准系数	t	Sig.
		B	标准误差	试用版		
2	（常量）	0.503	0.035	14.456	0.000	
	独立董事性别	−0.077	0.015	−0.217	−5.224	0.000
	大股东性别	−0.005	0.014	−0.014	−0.319	0.749
	大股东提名	−0.019	0.020	−0.057	−0.950	0.342
	阶段	−0.038	0.013	−0.207	−3.034	0.003
	任期	0.033	0.015	0.158	2.167	0.031
	标准化（声誉制度）	−0.023	0.007	−0.137	−3.323	0.001
	标准化（多重兼任制度）	−0.002	0.009	−0.011	−0.201	0.841
3	（常量）	0.571	0.038	15.183	0.000	
	独立董事性别	−0.093	0.015	−0.263	−6.237	0.000
	大股东性别	−0.016	0.014	−0.047	−1.090	0.276
	大股东提名	−0.058	0.022	−0.172	−2.664	0.008
	阶段	−0.027	0.013	−0.149	−2.168	0.031
	任期	0.018	0.015	0.084	1.144	0.253
	标准化（声誉制度制度）	−0.025	0.007	−0.149	−3.673	0.000
	标准化（多重兼任制度）	0.036	0.013	0.214	2.824	0.005
	声誉制度×多重兼任制度	−0.040	0.009	−0.267	−4.377	0.000

注：因变量为大股东掏空。

（三）任期制度—大股东掏空影响路径中声誉制度调节作用检验

在检验过程中发现，声誉制度在独立董事监督对大股东掏空的影响路径中并没有起到显著的调节作用。不仅如此，在独立董事监督作为中介变量作用于大股东掏空这一因变量的影响路径中，声誉制度的调节作用也不显著。

但在数据分析过程中发现，独立董事监督和声誉制度对于大股东掏空的影响均显著，因此笔者猜测任期制度调节作用不显著的原因在于中介变量选取的是独立董事监督力度，实际上声誉制度更多地作用于独立董事的监督效率而非监督力度。当声誉制度存在时，不意味着任期延长可以缓解独立董事监督力度减小的这一趋势，而在于独立董事整体的监督效率趋于上升。随后又观察到尽管声誉制度对于大股东掏空影响显著，但在线性检验中其并未与独立董事监督形成交互效应。因此,笔者猜测可能是因为在大股东选聘独立董事的过程中,声誉制度的存在会影响独立董事任期的存续,但在基准实验设置中,任期的延续是自然而然存在的,不受其他因素影响,或许正是这个原因导致声誉制度的调节作用不显著。基于这一猜测,笔者单独选择了大股东干涉选聘的两场数据开展研究。

四、仅大股东选聘—主效应与中介效应的假设检验

根据大股东影响选聘过程的两场实验数据,模型 1 中任期的 Sig. $= 0.022 < 0.050$,说明任期对于大股东掏空的影响是显著的,任期的影响系数为 0.050,即独立董事的任期越长,大股东越倾向于选择较大的掏空力度。这与前文中利用全部数据分析时得出的结论一致。模型 2 中加入独立董事监督这一变量后,任期对于大股东掏空的影响不再显著,说明任期对大股东掏空的影响过程中可能存在以独立董事监督为中介变量的完全中介效应。与此同时,独立董事监督的 Sig. $= 0.000 < 0.050$,说明独立董事监督作为中介变量,对于大股东掏空的影响是显著的。具体如表 5-23 所示。

表 5-23 大股东选聘时主效应与中介效应检验系数

模型		非标准化系数		标准系数	t	Sig.
		B	标准误差	试用版		
1	（常量）	0.355	0.055		6.394	0.000
	独立董事性别	0.003	0.020	0.010	0.145	0.885
	大股东性别	−0.011	0.020	−0.039	−0.550	0.583
	声誉制度	−0.081	0.021	−0.284	−3.824	0.000
	阶段	−0.033	0.013	−0.191	−2.550	0.011
	任期	0.050	0.022	0.184	2.303	0.022
	多重兼任制度	0.014	0.009	0.102	1.542	0.124

模型		非标准化系数		标准系数	t	Sig.
		B	标准误差	试用版		
2	（常量）	0.412	0.056		7.414	0.000
	独立董事性别	0.037	0.021	0.126	1.745	0.082
	大股东性别	−0.018	0.020	−0.062	−0.902	0.368
	声誉制度	−0.082	0.020	−0.286	−3.983	0.000
	阶段	−0.029	0.013	−0.168	−2.299	0.022
	任期	0.039	0.021	0.145	1.860	0.064
	多重兼任制度	0.017	0.009	0.118	1.840	0.067
	独立董事监督	−0.185	0.046	−0.262	−4.054	0.000

注：因变量为大股东掏空。

五、仅大股东选聘—声誉制度调节作用的假设检验

（一）任期制度—大股东掏空影响路径中声誉制度调节作用检验

从表 5-24 可知，模型 1、2、3 的调整 R^2 分别为 0.138、0.146 和 0.180，3 个模型的调整 R^2 都超过了 0.1，但由于模型 3 的调整 R^2 最大，模型调整 R^2 超过 0.1 就是安全的，则模型 3 的拟合优度最高。

表 5-24　任期制度—大股东掏空过程的模型检验汇总

模型	R	R^2	调整 R^2	标准估计的误差
1	0.391[a]	0.153	0.138	0.18747
2	0.409[b]	0.167	0.146	0.18664
3	0.452[c]	0.204	0.180	0.18287

注：a 表示预测变量（常量）包括多重兼任制度、阶段、大股东性别、独立董事性别。
b 表示预测变量（常量）包括多重兼任制度、阶段、大股东性别、独立董事性别、标准化（声誉制度）、标准化（任期）。
c 表示预测变量（常量）包括多重兼任制度、阶段、大股东性别、独立董事性别、标准化（声誉制度）、标准化（任期）、声誉制度与任期的交互项。

　　表 5-25 中,模型 1、2、3 的显著性水平均为 0.000＜0.050,表明模型总体显著,且回归系数不为 0。由表 5-24 和表 5-25 可知,模型 3 的拟合优度是比较高的,可以进行二元 Logistic 回归分析。

表 5-25　任期制度—大股东掏空过程的模型检验(Anova)

模型		平方和	df	均方	F	Sig.
1	回归	1.487	4	0.372	10.575	0.000[b]
	残差	8.259	235	0.035		
	总计	9.746	239			
2	回归	1.629	6	0.272	7.796	0.000[c]
	残差	8.116	233	0.035		
	总计	9.746	239			
3	回归	1.987	7	0.284	8.490	0.000[d]
	残差	7.758	232	0.033		
	总计	9.746	239			

注:因变量为独立董事监督。

b 表示预测变量(常量)包括多重兼任制度、阶段、大股东性别、独立董事性别。

c 表示预测变量(常量)包括多重兼任制度、阶段、大股东性别、独立董事性别、标准化(声誉制度)、标准化(任期)。

d 表示预测变量(常量)包括多重兼任制度、阶段、大股东性别、独立董事性别、标准化(声誉制度)、标准化(任期)、声誉制度与任期的交互项。

　　由表 5-26 可知,独立董事任期显著影响独立董事监督过程中声誉制度的调节作用,任期的影响系数为 -0.071,声誉制度与任期交互项的影响系数为 -0.059,即独立董事任期越长,独立董事越倾向于选择较低水平的监督力度,但声誉制度可以调节这一影响,使得任期延长过程中独立董事的监督力度得到保障。即笔者的猜想得到验证,基准实验下的声誉制度数据干扰了任期这一自变量对于独立董事监督这一中介变量影响路径的调节作用结果。在大股东影响选聘过程时,声誉制度的调节作用显著,即声誉制度的存在改善了随着任期延长独立董事监督积极性受抑制的情况,提高了独立董事的监督效力。

表 5-26 任期制度—大股东掏空的模型拟合优度检验系数

模型		非标准化系数		标准系数	t	Sig.
		B	标准误差	试用版		
1	（常量）	0.273	0.069	3.947	0.000	
	独立董事性别	0.177	0.028	0.429	6.394	0.000
	大股东性别	−0.034	0.026	−0.084	−1.297	0.196
	阶段	0.002	0.015	0.009	0.153	0.878
	多重兼任制度	0.015	0.013	0.075	1.187	0.236
2	（常量）	0.233	0.072	3.256	0.001	
	独立董事性别	0.182	0.028	0.443	6.595	0.000
	大股东性别	−0.036	0.028	−0.088	−1.271	0.205
	阶段	0.022	0.018	0.090	1.229	0.220
	多重兼任制度	0.012	0.013	0.061	0.947	0.345
	标准化（任期）	−0.030	0.016	−0.149	−1.900	0.059
	标准化（声誉制度）	−0.002	0.015	−0.009	−0.130	0.897
3	（常量）	0.230	0.070	3.272	0.001	
	独立董事性别	0.163	0.028	0.396	5.892	0.000
	大股东性别	−0.022	0.028	−0.053	−0.781	0.436
	阶段	0.024	0.018	0.096	1.329	0.185
	多重兼任	0.006	0.013	0.027	0.425	0.671
	标准化（任期）	−0.071	0.020	−0.352	−3.562	0.000
	标准化（声誉制度）	−0.014	0.015	−0.068	−.927	0.355
	声誉制度×任期	−0.059	0.018	−0.274	−3.272	0.001

注：因变量为独立董事决策。

（二）独立董事监督—大股东掏空影响路径中声誉制度调节作用检验

由表 5-27 可知，独立董事监督显著影响大股东掏空过程中声誉制度的调节作用，独立董事监督的影响系数为 −0.042，声誉制度与独立董事监督交互项的影响系数为 0.019。综上可知，独立董事监督力度越大，大股东的掏空倾向越会显出收敛的趋势,而声誉制度可以调节这一影响,使得独立董事监督力度对于大股东掏空的压制作用更强。因此假设 $H5$ 得到部分验证。

表 5-27 独立董事监督—大股东掏空的声誉制度调节效应检验系数

模型		非标准化系数		标准系数	t	Sig.
		B	标准误差	试用版		
1	(常量)	0.315	0.053	5.971	0.000	
	独立董事性别	0.010	0.021	0.035	0.490	0.624
	大股东性别	0.015	0.020	0.053	0.759	0.449
	阶段	−0.015	0.011	−0.087	−1.331	0.184
	多重兼任制度	0.003	0.010	0.019	0.282	0.778
2	(常量)	0.301	0.050	6.036	0.000	
	独立董事性别	0.042	0.021	0.145	2.010	0.046
	大股东性别	−0.023	0.019	−0.081	−1.186	0.237
	阶段	−0.016	0.010	−0.089	−1.491	0.137
	多重兼任制度	0.016	0.009	0.115	1.793	0.074
	标准化(声誉制度)	−0.049	0.009	−0.340	−5.145	0.000
	标准化(独立董事监督)	−0.040	0.009	−0.277	−4.295	0.000
3	(常量)	0.271	0.052	5.251	0.000	
	独立董事性别	0.054	0.022	0.186	2.510	0.013
	大股东性别	−0.023	0.019	−0.079	−1.173	0.242
	阶段	−0.014	0.010	−0.078	−1.304	0.193
	多重兼任制度	0.020	0.009	0.143	2.196	0.029
	标准化(声誉制度)	−0.048	0.009	−0.339	−5.163	0.000
	标准化(独立董事监督)	−0.042	0.009	−0.295	−4.561	0.000
	声誉制度×独立董事监督	0.019	0.009	0.130	2.096	0.037

注:因变量为大股东掏空。

六、控制变量检验分析

由前文的数据分析结果可知,独立董事性别会显著影响独立董事监督力度。

观察主体间效应检验表 5-28,可以发现独立董事性别对独立董事监督有显著影响,声誉制度和独立董事性别的交互项对大股东掏空的影响也非常显著。因此,声誉制度对独立董事性别与独立董事监督之间关系存在显著的调节效应。

表 5-28　声誉制度调节独立董事性别的主体间效应检验

源	Ⅲ 型平方和	df	均方	F	Sig.
校正模型	1.697ᵃ	3	0.566	16.590	0.000
截距	57.158	1	57.158	1676.014	0.000
独立董事性别	1.303	1	1.303	38.219	0.000
声誉制度	0.017	1	0.017	0.498	0.481
独立董事性别×声誉制度	0.267	1	0.267	7.815	0.006
误差	8.048	236	0.034		
总计	70.750	240			
校正的总计	9.746	239			

注:因变量为独立董事和,a 代表 R²=0.174(调整 R²=0.164)。

观察概要文件图 5-2,发现图中两条线相交,即存在交叉作用,也就是说,声誉制度使得独立董事性别所导致的监督力度差异在一定程度上得到缓解。从图中能清楚地看到当声誉制度存在时,独立董事性别与独立董事监督之间的关系变得平缓,即声誉制度的存在可以大幅改善女性独立董事的监督情况。

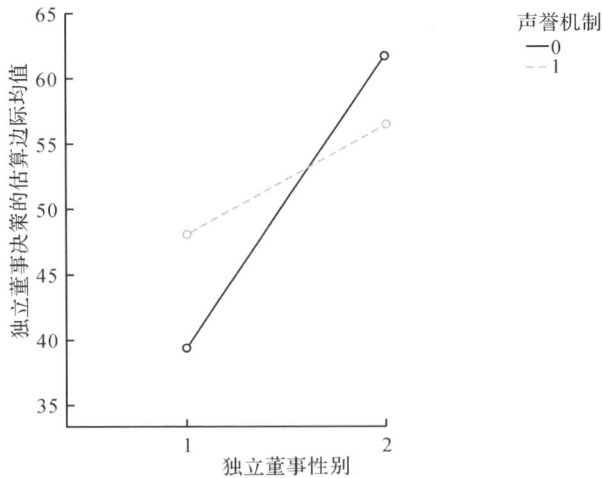

图 5-2　独立董事性别—大股东掏空的声誉制度调节概要文件图

注:性别中 1 代表女性,2 代表男性;声誉制度中 0 代表无,1 代表有。

第六章　实验结论与建议

第一节　实验结论

　　笔者在研读和大量文献资料的基础上,将独立董事正式选聘制度中的任期制度、多重兼任制度、提名制度和声誉制度等非正式制度纳入实验设计的范域,主要探讨了独立董事制度设计与大股东掏空行为之间的关系。本书探讨了现有的非正式制度,如任期、提名与多重兼任制度是否会影响独立董事决策的独立性。本书的观点是独立董事为了防范大股东的掏空行为采取较高水平的监督力度说明其在阻止大股东损害中小股东利益时尽可能地履行了自己的责任,这是独立董事参与提升公司治理效率的表现,进而影响大股东掏空行为。本书通过4场行为决策实验,检验了文中的几个假设,得出的具体结论如下。

一、独立董事和大股东在不同机制设计下的选择

　　在未加入独立董事制度设计的情况下,独立董事与大股东经过有限次数的博弈,会达到这样的均衡:独立董事更多地选择高水平的监督力度,大股东更多地选择低水平的掏空力度;此种情况下,独立董事所获得的有关对方行动选择的信息是有限且间接的,他们为了提高监督效力,同时避免被惩罚,只能通过尽职监督来

达到规避风险的目的。由于大股东拥有信息优势,能够根据对手的选择和个人受罚情况及时调整个人策略,因为当独立董事高水平的监督力度倾向明显,大股东整体受罚概率高时,大股东选择较低水平的掏空力度的倾向更加明显。从长期来看,这一结果对独立董事更为不利,但在这一情况下大股东掏空行为得到控制。

当声誉制度加入后,均衡解不变,依旧是独立董事选择高水平的监督力度,大股东选择低水平的掏空力度,且与基准设置相比,声誉制度下选择这一决策组合的人数增多。同时独立董事的监督选择由低水平向中等水平转移,选择低水平掏空力度的大股东人数增多。即声誉制度加入后,独立董事的监督意愿增强,且对大股东掏空起到了抑制作用。

当选聘制度加入后,独立董事监督力度有减小的趋势,而大股东掏空力度则向中高等水平偏移,即独立董事选聘制度的加入使得大股东掏空行为加剧,这一制度下独立董事受到惩罚的可能性更大,这不利于改善其监管效率。在选聘制度的基础上加入声誉制度后发现,独立董事会选择更高水平的监督力度,大股东的掏空行为也得到控制。

在选聘过程中,大股东倾向于选择监督意向较弱的独立董事,而独立董事为了迎合大股东会给出较低的监督预期。但声誉制度加入后,独立董事选择的监督期望值提高,尽管大股东还是倾向于选择监督意向弱的独立董事,但他们会避开声誉较差的独立董事。

二、任期制度会影响独立董事监督进而影响大股东掏空行为

独立董事本应行使自己的监督职责,深入发掘已"隐形"的关联交易、财务造假等公司需要治理的问题,及时发现可能损害中小股东利益的行为。但随着任期的延长,独立董事与大股东之间形成了制衡与默契,独立董事会为大股东的利益让步,两者在一定程度上有了合谋行为,即独立董事选择对大股东的违规行为睁一只眼闭一只眼,大股东则会更加猖獗,采用更高水平的掏空力度。另外,随着独立董事任期的延长,大股东能够更加便利地获得并预测独立董事的行为,同时该信息的真实性较高,因此大股东能够更加放心大胆地采取掏空行为,而独立董事

履行监督义务的意愿会逐渐降低。此外,在选聘情况下,任期对于大股东掏空行为的影响系数更大,原因在于独立董事往往会将大股东当作识别"千里马"的"伯乐",从而对大股东产生感激和亲近之情。监督者与被监督者之间这种私人感情的存在,必然使得独立董事不能客观公正地行使监督职能。

三、多重兼任制度正向影响大股东掏空行为

独立董事兼职过多会分散其的时间和精力,使其无法很好地对大股东掏空行为做出预判,无法进行高效的监督,导致大股东更多地逃脱惩罚,因此随着独立董事兼职数量的增多,大股东掏空行为也会增多,即使我国独立董事的兼职数量都能控制在规定范围之内(不超过 5 家公司)。这从侧面说明了以 5 家上市公司作为独立董事兼职数量的上限不具有预期的合理性。

四、提名制度负向影响大股东掏空行为

本书研究得出的结论与假设推导的相反,经过进一步的分析,本书认为造成这一结果的原因是:一方面,在大股东提名独立董事的情境下,独立董事会因此得到薪酬。作为一个经济人,我国独立董事对经济利益的追求已经严重损害了其应有的独立性。当独立董事从任职公司取得的薪酬收入高于其兼职独立董事所能获得的平均薪酬时,为了避免因与上市公司大股东产生冲突而带来财务损失,独立董事往往会选择较低水平的监督力度。另一方面,独立董事也承担随之而来的风险。当大股东提名独立董事时,独立董事对大股东掏空行为的防范心理更加强烈。在本书设置的情境中,大股东的掏空行为有必然性,对于独立董事来说,其职位虽然能给他们带来一定的报酬,但随之而来的风险成本实在太大,对其造成的威慑更强,因此当大股东提名独立董事时,大股东不得不考虑独立董事可能因其掏空行为而受到的连带惩罚,由于负疚感的增叠,使得他们的掏空行为有所收敛。

五、声誉制度调节作用显著

在独立董事制度直接影响大股东掏空的作用路径中,声誉制度起到显著的调节作用。其中在作为中介变量的任期对于大股东掏空的影响路径中声誉制度的调节作用并不显著。而将大股东提名独立董事的数据筛选出来进行分析检验,发现在大股东提名独立董事的情境下,声誉制度可以调节任期对于大股东掏空的正向影响。

假设声誉制度能够对独立董事产生一定的约束力,它通过增加独立董事遭受惩罚的心理成本来迫使独立董事尽职监督。同时,大股东对独立董事信念选择的预期也会改变,当大股东预期独立董事更多地选择较高水平的监督力度时,则会倾向于选择较低水平的掏空力度,因此,声誉制度能在一定程度上制约大股东的舞弊行为,达到减少掏空行为的目的。但声誉制度的影响直接体现在主效应上而非基于中介效应,如对所有数据进行分析时,发现声誉制度对于以独立董事监督为中介变量,任期对于大股东掏空的影响过程的调节作用不显著,即独立董事声誉制度并未和其他正式制度被设计产生交互效应进而影响独立董事监督力度选择,即声誉制度在本书的设计中起到了"隔山打牛"的作用。本书依照现实世界中的独立董事,通过对违规独立董事予以通报批评和惩罚等方式构建声誉制度,本意在于促使独立董事在实施监督过程中,不仅仅要关注个人的经济利益,还要重视个人的声誉。然而,这些举措对独立董事监督力度选择的影响并不明显,原因可能在于声誉制度对大股东起到了威慑作用,从根本上降低了掏空行为发生的概率,因此独立董事选择一定程度的监督力度就可以达到良好的监督效果。

六、独立董事性别会影响其监督行为进而影响大股东掏空行为

在本书数据分析过程中,发现独立董事性别会影响其监督力度选择,导致更加严重的大股东掏空。女性独立董事相较男性独立董事更倾向于选择较低水平

的监督力度,但声誉制度起到了调节作用,极大缓解了独立董事性别对于其监督力度选择的影响。因此本书认为,董事会性别多样化的议题值得进一步商榷。

女性独立董事有两个显著特征:女性和独立董事。作为首要特征的"女性",与"男性"在心理和行为上有显著差异,而谨慎性正是其突出体现。部分学者从生理特征和心理偏好角度入手进行研究,认为女性体内单胺氧化酶的含量更高,因此女性在心理上更加倾向于谨慎和保守,进行风险决策的程度会较小些(Zuckerman,1994;Witt,1994)。也有研究发现,无论是在日常行为,还是在工作选择等决策中,谨慎性在两性行为中的差异都有非常明显的体现(Irwin et al.,1997;Chen et al.,2000)。风险评估能力和过度自信的倾向是导致男女之间谨慎性差异的重要因素(Wolosin et al.,1973;Langer et al.,1975;Loewenstein,2001;Fehr-Duda et al.,2006)。就风险评估能力而言,男性对概率的变化比女性更加敏感,能更准确地把握这一不确定性(Fehr-Duda et al.,2006),因而风险回避的倾向更小。就过度自信的倾向而言,尽管人们普遍存在过度自信的心理特征(Wolosin et al.,1973;Langer et al.,1975),但男性更容易高估自己认识的准确性,有着显著的更高的自我评价(Estes et al.,1988;Lundeberg et al.,1994;Barber et al.,2001;Huang et al.,2013),因而过度自信的倾向和程度均大于女性(Huang et al.,2013),谨慎性也就明显要低得多。Liu et al.(2014)选择2009—2011年中国上市公司为研究对象,发现女性董事与公司业绩显著正向关,但女性董事对公司业绩的正向影响主要是女性执行董事的功劳,女性独立董事实质上并没有发挥应有的监督作用。孙亮等(2016)以女性董事的谨慎性为视角,验证了女性董事对公司过度投资和业绩波动的治理作用。研究还发现,女性独立董事和女性董事长更擅长事后监督(作用体现在事后对风险更深的厌恶程度),而女性执行董事的监督优势则体现在事前监督上(作用体现在事前预期情绪所引致的风险感知能力上)。

女性独立董事在监督大股东掏空行为时,其监督效力的发挥受到风险偏好的影响。其一,女性独立董事相较男性独立董事更容易做出保守的决策,因为男性独立董事更善于捕捉概率变化趋势,并进行风险评估和回避,因此相较于女性独立董事,男性独立董事的监督效率可能更高。其二,由于当独立董事采取高水平监督力度却仍监督失败时,会影响其履职积极性,女性独立董事更容易对失败的结果产生厌恶心理,进而影响后续的决策效力。

第二节　相关建议

近年来,虽然我国的经济在高速发展,但是因缺乏独立董事的有效监督而爆发的众多大股东掏空丑闻也揭露了我国公司治理仍然存在着致命的缺陷。本书的研究可以为调动独立董事个体监督的积极性、压制大股东掏空行为和提出与改进改善公司治理现状的制度设计提供一些对策建议。

一、建立健全独立董事正式制度设计

独立董事真的是批评者口中的"花瓶董事"吗?目前由于我国关于独立董事的相关制度设计不健全造成独立董事独立性缺失,需要对独立董事正式制度进行调整,建议从制度设计上保障独立董事切实履行职务。

(一)改进独立董事任期制度

目前我国规定,独立董事的任期不能超过 6 年,而美国规定独立董事的任期不得超过 3 年,考虑到独立董事任期会影响大股东掏空行为,为了削弱大股东掏空倾向,可以适当缩短独立董事任期;同时,规定每隔一段时间必须更换一定比例的独立董事,在独立董事选聘时引入竞争机制,最终形成独立董事与上市公司的双向选择机制。这样就能从制度上改变错位的委托代理关系,增强独立董事的独立性,减少"内部人控制"现象的发生。

(二)调整独立董事多重兼任制度

我国在独立董事的选任方面,还需要执行更严格的标准,以确保独立董事具有胜任其本职工作的能力、时间和精力。当独立董事兼职企业数目过多时,大股东的掏空行为会更加猖獗,这可能是独立董事监督效率降低导致的,建议通过修改相关法律法规中的规定,使独立董事可同时任职的企业数量最多不超过 3 家。

这样可以解决其不能充分履职的问题,并保证他们认真地履行职责,从而提高工作效率,以便更好地发挥监督作用。

(三)改进和完善独立董事提名制度

针对独立董事提名制度,目前的主流观点是要提高中小股东在独立董事提名选聘过程中的话语权,削弱大股东的影响。因此有学者提出,虽然我国公司法对公司董事的选举方法没有明确规定,但从保护中小股东利益、避免大股东操控董事会的角度出发,上市公司应考虑在股东大会选举时采用累积投票制。这样才能从根本上避免独立董事与中小股东的委托代理关系的错位,保障独立董事的独立性。还有学者认为可以采用由监管机构向上市公司推荐独立董事或者由中小股东提名人选后提交股东大会决定的方式,从而改进和完善独立董事的提名和选聘制度。

本书认为,确实有必要建立健全独立董事提名制度,因为独立董事很有可能代表其提名方的利益。但通过分析实验数据发现,由大股东提名独立董事时,其掏空力度反而减小,因为过往研究大股东提名的影响往往是从独立董事的角度进行的。本书研究发现,提名制度直接作用于大股东行为,而且大股东提名会使得大股东的掏空行为有所克制。但由于本书研究的是独立董事个体与大股东之间的博弈关系,而在现实情境中董事会内部存在多名独立董事,他们的提名方可能不尽相同,在这样的情况下,提名制度会对大股东掏空行为产生怎样的影响不得而知。因此本书建议有大股东掏空嫌疑的上市公司可以尝试反其道而行之,申请由大股东提名独立董事,观察在这种情况下大股东是否会有所收敛,而非一味地约束大股东的提名权力。

此外本书认为,独立董事不仅应该具备公司治理准则中强制规定的独立性,即关系独立和经济独立(李海舰,2006),更应该具备精神上的独立。强制规定的独立性是由"硬要素"定义的,但诸如态度、品质等"软要素"很难被包含进公司治理准则和法律法规中。最小化潜在的利益冲突并不是保证公司治理失败事件不再发生的充分条件,关键是独立董事要具备敢于挑战控股股东的勇气,以及批判性思维和客观判断的能力(Van,2005)。因此在提名独立董事的过程中,应更加注重对其风险评估判断能力等的考察。

二、构建独立董事评价问责机制与监督保障机制

(一)构建独立董事评价问责机制

我国法律体系缺乏对独立董事问责机制的规定,也没有形成完整的评价其履行职责优劣的标准体系,这种内部评价的缺乏可能造成的不利影响包括:降低独立董事的勤勉尽责意识及其工作积极性与参与度;不能为企业提供战略性的建议,甚至因为评价体系的缺失引发更严重的问题,如与内部人员串通损害其他人员的利益。可见,问责机制的缺失将是严重制约独立董事尽职的障碍,这使独立董事成为一种"虚饰",造成了他们在行使职权时临时应付甚至玩忽职守,这大大增加了监管的难度。

因此,为了防止上述问题的发生,笔者认为亟须建立一套合理的评价问责机制,促使他们更好地履行职责,提高工作效率。笔者建议从以下方面考虑:第一,构建权责明确的问责制度。独立董事若违反法律规定,给公司造成严重损失的,证监会应该严格按照相关法律规定对独立董事进行处罚。第二,由中国上市公司协会负责制定履职优劣情况的评价标准,并定期对独立董事的工作情况进行客观评价,除此之外,监事会还需将独立董事的年度考核情况提交股东大会审查,对于不符合履职要求的独立董事,股东大会可以取消其任职资格。第三,由独立董事行业协会建立相应的诚信档案信息库,负责记录独立董事履职中的诚信状况,并向全社会公开其失职行为,对违反规定的独立董事予以处罚。通过以上3种措施,可以促使独立董事对企业勤勉尽责地履行职权,提高办事效率。

(二)完善独立董事监督保障制度

独立董事监督效用的发挥是以如下几个要素为基础的:首先,对所处上市公司及其业务充分了解;其次,满足看待问题视角的广度与专业性要求;再次,能够在参与公司经营中实现公司经营目标;最后,能够不受从属关系束缚,超脱地履行监督职能。

作为外部人的独立董事要充分发挥决策与监督职能,势必会面临信息不完全、信息作假、信息误导等方面的问题。Ran(2010)认为,信息成本会影响独立董事有效性的发挥,真实有效的信息是独立董事职能发挥的基础,只有获取真实有效的信息才能消除决策中的不确定性与潜在的风险,试想如果独立董事获取的信息是经过"加工"的,那么纵然勤勉尽职也无法发挥应有效能。

独立董事制度的设立,谢朝斌(2004)认为是为了克服市场经济中的信息不对称问题,保证信息披露的有效性,从而在股东与公司管理层、大股东与小股东之间建立一条通畅的信息交流渠道,降低乃至消除信息的不对称性。独立董事为应对履职中面临的尴尬局面,应当先保障其知情权。独立董事获取信息有两种途径,一种是自己收集,另一种是通过上市公司管理层获取。因此,保障独立董事的知情权一方面要赋予独立董事获取必要信息的权利,另一方面是要规定管理层有积极主动向独立董事提供信息的义务,对未积极配合独立董事提供信息或者向独立董事提供虚假信息的情况进行处罚,督促上市公司相关部门积极主动向独立董事提供做出决策判断需要的信息。鉴于独立董事的特殊性质,做出判断依赖的信息大多来源于上市公司相关人员,因此应当拓宽独立董事获取信息的渠道。除了获取信息外,对独立董事信息转化的能力也有相当高的要求,只有独立董事具备专业知识且了解公司经营状况,才能从信息中提炼出关键有效的信息,并站在公司的角度做出专业且切合实际的判断。因此旨在克服独立董事信息障碍的措施中,除了要求上市公司保障独立董事的知情权外,还应当要求独立董事了解公司情况,提高其信息甄别能力。

三、完善独立董事责任保险制度

近年来,随着公民维权意识进一步增强,股东涉诉情形频繁出现,加之公司内部治理水平的提高,管理者的责任与权力更加清晰,这些都增加了独立董事决策的成本和风险。独立董事的独立地位使他们与公司保持着一定的距离,对公司了解不充分,在获取公司信息方面也存在不对称情况,因此独立董事仅根据所能获得的信息做出分析、判断的失误率会明显大于非独立董事。除了对失职行为进行惩戒之外,独立董事应该意识到责任约束实质上是一把双刃剑,一方面能够督促其谨慎勤勉尽职,另一方面过重的责任将会挫伤其履职的积极性,甚至迫使其放弃该职务。如果对独立董事施加过于严格的责任,会使得许多优秀人才望而却步,从而引起独立董事人才资源的浪费与流失,不利于充实独立董事队伍,也不利于公司治理结构的完善。吴洁(2013)就指出,当独立董事有因其决策行为受到处罚的意识时,可能会削弱他们行使监督职能的内在动力,"少参与少犯错"的思维将禁锢他们的行动。因此有必要推行独立董事责任保险制度,以分散独立董事责任,对独立董事加以保护。

当独立董事未能有效履行职责而给公司和第三人造成损失时,要求其承担相应的赔偿责任是极为必要的。但如果独立董事在履行职责时由于个人经验及能力不足,以及不可控因素,在其已经尽职尽责仍然无法避免风险时,独立董事还要承担相应责任,那么就会给独立董事带来巨大的压力。而且,独立董事的责任还远不止这些,其他如善管责任、忠实责任、对社会公众所负的责任等,甚至独立董事要谨慎对待每一个签字、每一句话,否则就会面临诉讼和连带的经济赔偿责任。为了帮助独立董事减轻这一压力,保证其履职积极性,可以借鉴国外的经验,引进责任保险制度。

独立董事责任保险是指以其对公司股东、债权人或其他第三人的经济赔偿责任作为保险标的的一种保险,旨在合理分担风险,解决其积极履职的后顾之忧,促使其高效大胆地履职。为其购买责任保险后,保险公司作为承保人,就成了利益相关人,其有动力通过各个途径了解独立董事的履职情况,因此在一定程度上为上市公司甄别独立董事提供了一定的助力。建立独立董事责任保险制度应当注意以下几方面问题:第一,在承保的范围上,保险公司承担的赔偿责任应限于以下两个方面,独立董事在履行职责中由于过失行为导致第三人遭受经济损失而应承担的赔偿责任,其本人并无过错但因职务须承担的连带赔偿责任。为避免独立董事利用责任保险逃避法律责任,应合理限定独立董事保险的承保范围,诸如独立董事因违反法律法规导致的赔偿责任、独立董事因非其职务行为引起的赔偿责任、独立董事因重大过失而引起的赔偿责任都应排除在外。第二,在保费方面,应当由独立董事和上市公司分担,其中上市公司应承担大部分的保费,这样以便在调动独立董事积极性的同时又向其施加一定程度的压力。

笔者建议监管部门强制要求上市公司为独立董事购买责任保险,签订责任保险合同,确定保险范围、除外责任、保险费的承担等事宜,并强调以下三方面:第一,该保险只适用于独立董事无意或因过失违反相关规定的情形,对于故意违反忠实、勤勉尽责等义务的情形不能减免责任;第二,可以借鉴美国责任保险规定赔偿限额的做法,即如果发生独立董事恶意履职的情形,保险公司只需在限额内进行赔偿,超过限额的部分由独立董事自行承担。第三,在保费方面,可以规定由企业缴纳80％,独立董事仅承担20％,这样可以促使独立董事大胆地行使职权,并为企业出谋划策。

四、完善声誉激励机制

前文通过对独立董事存在声誉激励不足的困境进行分析,得出声誉激励之所以效用微弱,是因为我国目前缺乏完善的社会信用机制。因此,为使声誉激励的效果能够在独立董事制度中得到充分发挥,应当先从完善市场信息传导机制入手,使独立董事的履职效果能够在市场中得到反映。

独立董事的声誉激励机制可以从以下几个方面来构建,以促进其履职效果能够得到客观评价。首先,完善其在董事会中相关表现的信息披露,使得公众增加对其履职的了解程度,加强其履职行为与声誉之间的联系,引导其自律。其次,建立独立董事履职评价机制,对其履职能力和履职效果进行科学公正的评价,使得其履职能力得到客观反映。最后,由行业协会充分掌握各个独立董事的信息,完成对其履职信息的披露,并对其履职情况进行考核,使得行业协会能够为上市公司提供高可信度的信息报告,减少独立董事价值信息在传递过程中的扭曲或者不完全情况,增加信息的真实性,激励独立董事尽力维护其声誉。

笔者认为,完善声誉激励机制还应做到以下几点。

第一,加强对独立董事的自律性教育。大力提升他们的专业素养,让他们掌握更多的证券法规、公司业务等知识,促使他们树立良好的诚信观念和关注公司经营、管理事项,在各类独立董事意见和相关决议上谨慎签字,自觉维护自己和独立董事这一群体的声誉。可以定期举办上市公司独立董事的学习交流活动,使独立董事形成针对这一职业的集体荣誉感和归属感。

第二,构建独立董事人才信息库。该信息库包括符合任职条件的独立董事的所有信息,如姓名、年龄、学历、专业和工作经验等,并向全社会公开;同时构建履职公示机制,公示内容包括参加决议、发表独立意见、任职等各项情况,让独立董事履职情况完全公开透明,还要明确对于独立董事低效监督乃至无效监督的声誉惩罚,这样为了提高自己的声誉,独立董事会更加勤勉尽责。

第三,实现覆盖式声誉传播。声誉激励机制对于独立董事而言是一种激励,对于大股东而言则是一种威慑,因此要让大股东了解哪些独立董事是因为履职无效而受到批评,让他们在选择执行低水平监督力度的独立董事时产生心理压力,同时也避免大股东存在掏空意向,导致上市公司董事会出现"花瓶董事"扎堆的情形。

五、不应盲目推进董事会性别多样化

本书研究提供了女性独立董事监督效率弱于男性独立董事,且不利于减少大股东掏空行为的相关证据。但是,盲目地确定董事会内部成员的性别比例并不利于公司价值的提升。如今董事会性别多样化已然成为公司治理领域热议的话题,社会各界对女性董事的关注也着实让企业备感压力。由于"女权"呼声渐高,西方国家近几年采取的各种举措使得女性董事在董事会中的比例达到历史高峰,不少欧洲国家相继推出了女性董事的配额计划,强制给予女性更多进入企业高层的机会。但是,许多学者认为,为解决董事会性别不平等问题而形成的董事会性别配额制度是出于政治压力(Teigen,2012;Terjesen et al.,2015),没有考虑到其对公司治理效率和企业价值的影响,其可行性值得商榷。正如不少学者呼吁的,对于性别的关注不应该始于政治诱因而应该建立在女性董事能够提升公司价值的条件之上,如果忽视企业具体的经营环境、地区文化氛围及性别认知而盲目立法,反而会损害公司价值。

第三节　不足与展望

一、将独立董事监督行为过度简化

本书提出的独立董事监督力度更多地涉及独立董事的监督意愿、履职努力程度,一方面抛弃了对于独立董事专业性、履职能力的研究,而更多地着眼于独立董事的独立性,另一方面比较直接地把监督和提出反对意见这两步合并,默认独立董事发现大股东掏空行为后会予以揭发,没有验证"独立董事是否会帮助大股东隐瞒"这一步。在现实生活中,确实存在独立董事监督尽责,但当发现了公司内部违规行为时却不愿、不敢提出反对意见的现象,因此未来可以做进一步的研究,区分独立董事的监督能力、监督努力与提出反对意见的情况。另外,由于实验前没有提取有关参与者风险态度的信息,无法为参与者个体行为选择的差异提供全面解释。

二、独立董事个体与群体行为存在差异

由于董事会内部不只存在一个独立董事,在独立董事与大股东博弈的过程中,他们实际上是多方博弈,同一个董事会内部的独立董事会因此产生决策差异,出现合谋、无作为、积极监督等多种情况,则独立董事是对大股东掏空行为没有任何压制作用,抑或是团结一致形成一个有效的监督团体? 这是值得商榷的问题。

三、没有区分无作为和合谋两种情况

独立董事选择较低水平的监督力度究竟是出于无作为心理还是出于与大股东合谋的目的,在本书中并没有展开讨论,在实验设计过程中没有增加大股东与

独立董事串谋沟通的情况。实际上,大股东选聘独立董事前或独立董事确定与某位大股东对接前,双方进行一定时间的沟通更符合真实的独立董事选聘、监督过程。

四、对大股东掏空行为的衡量指标单一

本书只考察了大股东的掏空行为,没有区分掏空和支撑这两种行为,大股东掏空力度的选择也不存在"0"这一选项。同时对于掏空行为的衡量仅在于力度选择,没有区分掏空方式、掏空性质。因此,可以进一步研究大股东掏空行为的法理性选择,更为细致地描述大股东的掏空选择,回溯其掏空动机。

五、预期决策的加入

本书在大股东选聘独立董事的机制设计中让独立董事给出了一个预决策选项,尽管实验主持人为了避免破产引起大股东对独立董事的负面情绪,多次强调了预决策选项的结果不纳入实际收益,且与独立董事后续的决策没有关联,仅能在一定程度上说明该名独立董事的监督意愿,但还是造成了一定的干扰,并可能影响大股东和独立董事后续的决策。

第七章　拓展讨论与研究

第一节　康美药业案例：强责任时代下独立
董事的问责与免责

康美药业①财务欺诈案一审落槌，该案便成为我国资本市场与证券司法发展的里程碑事件。该案除具有强大震慑效应外，也将独立董事制度推向争议焦点。独立董事制度施行 20 余年来，优化公司治理结构的同时亦争议不断，此起康美药业财务欺诈案更是重拳警醒，推动我国独立董事制度改革创新。本节首先简单介绍康美药业的业务经营情况及诚信舆情；其次纵览本案，按照舆论期、调查期及诉讼期进行系统性梳理；再从综合治理、法律视角进行案例分析，从行为标准剖析本案例中独立董事勤勉尽责的边界，从责任标准探讨独立董事问责的处罚力度，再升至制度层面反思独立董事监督失灵的基础性短板；最后提出从"强监管"迈向"强责任"时代，在以不损害独立董事职业安全感的前提下强化、细化独立董事问责体系，完善事前事后的免责保障制度，做到界限明晰、奖惩分明，促进独立董事制度从无到有、从有到优的制度改革与生态重塑。

---

① 康美药业股份有限公司，以下简称康美药业。

一、引言简介

2021 年底,康美药业财务欺诈案一审落槌。这起"中国版集体诉讼第一案"成为我国资本市场上的里程碑事件,参与人数之多、赔偿金额之高、独立董事惩罚力度之大前所未有,在 A 股上市公司及独立董事圈中引起轩然大波。康美药业财务造假的整起事件历时 3 年之久,最初 2018 年由互联网上的自媒体文章曝出端倪;持续发酵引致证监会立案调查,发布处罚决定;而后在投资者保护机构的牵头下对康美药业提起特别代表人诉讼,"默示加入、明示退出"的原则成倍放大了问责情形;到 2021 年底一审判决的出炉,备受瞩目的康美药业财务欺诈案惊叹收尾,清晰地释放出从"强监管"迈向"强责任"时代的有力信号。

此起标志性案例在把独立董事制度再次推向舆论焦点的同时,亦助推了独立董事制度的改革与独立董事生态的重塑。我国独立董事制度自 2001 年从英美体系中引入,20 余年间在促进规范运作、优化治理结构、保护中小股东利益上发挥着积极作用。但作为舶来品,独立董事制度在与我国本土环境的碰撞融合中亦出现一系列问题,因"独立董事不独""独立董事不懂"而广受诟病。康美药业财务欺诈案以极端的示范效应尖锐指出独立董事发展中的共性问题,将独立董事制度中的积累顽疾公之于众,倒逼资本市场相关者再反思、再改革、再完善。从康美药业财务欺诈案中"天价赔偿"的舆论引爆点引入,可见独立董事勤勉尽责的行为标准边界远不止阅览文件与简单问询,问责标准边界亦不止步于时效性低、惩罚力有限的传统行政处罚,单一的问责途径转向立体高维,从而形成行政处罚、民事赔偿与刑事追责相衔接的制度合力。加强对投资者的保护,势必要相应收紧对独立董事的约束法绳,综合考虑更高层次的证券法目标追求——资本市场有效性,因此需在问责体系强化、细化之时为独立董事提供免责保障支持。不仅在法律层面对故意违法者严惩不贷、对过失侵权者适度包容,也应着眼独立董事当选、行权、考核的全过程,优化提名制度让独立董事从人情关系中解脱出来,提供多元有效的信息渠道助其独立判断,强化第三方评价参与等,还要在制度层面补齐短板,促进独立董事制度从无到有、从有到优的循序演化。

二、事件梳理

康美药业是一家以中药饮片生产和销售为核心,实施中医药全产业链一体化运营模式的大型医药企业。康美药业由马兴田于 1997 年在广东普宁创立的"广东康美药业有限公司"发展而来,2 年后被认定为广东省高新技术企业,3 年后被认定为国家级重点高新技术企业并通过科技部和中国科学院"双高"认定,同年即 2000 年进行了股份化重组,又在 2001 年于上海证券交易所挂牌上市(证券代码:600518)。自上市后,以马兴田、许冬瑾为代表的大股东与高管团队连续增持,助力业务快速扩张。2015 年,康美药业成为首个突破千亿元市值的医药上市公司,被誉为"中药行业第一股",在中药领域居龙头地位。在国家扶持中医药的政策利好背景下,康美药业亦向"智慧＋大健康"平台转型,完成较完整的大健康产业版图布局和产业体系的基本构建。综合来看,康美药业曾是我国中医药产业领域业务链条较完整、医疗健康资源较丰富、整合能力较强的企业之一。

康美药业的组织架构如图 7-1 所示。

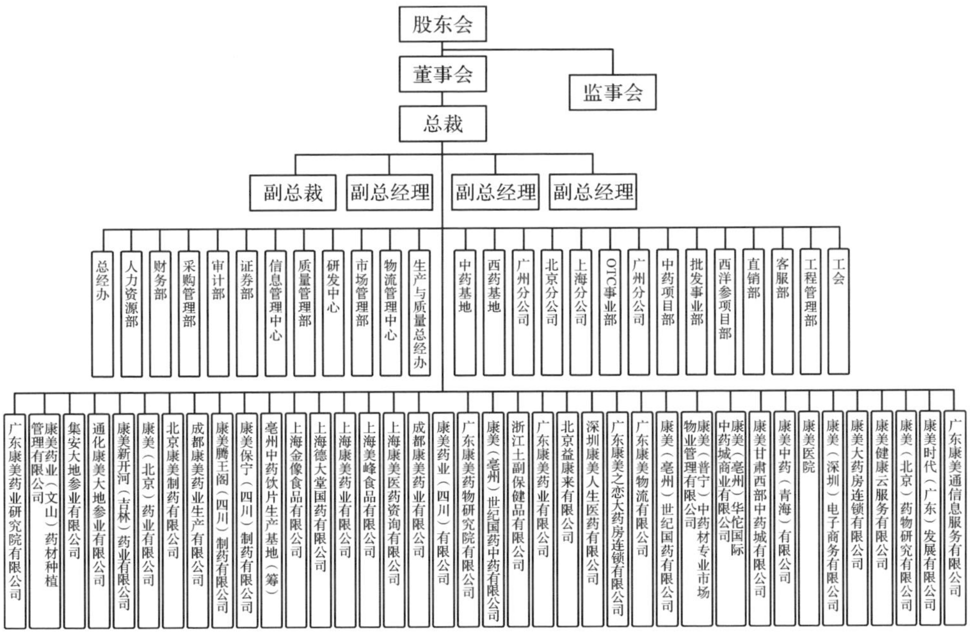

图 7-1　康美药业组织架构

资料来源:2022 年 2 月于康美药业官网摘录。

康美药业在一片光明的增值前景下不时伴随着负面的消息（见表 7-1），2000—2015 年 4 次卷入医药行贿案件，行贿金额达 700 万元，4 位受贿官员先后入狱。2019 年，在《大众证券报》举办的"十大黑榜上市公司"评选活动中，康美药业名列榜首。有关财务造假方面的负面报道也并不仅始于此次欺诈事件，对于康美药业财务的质疑可追溯至 2012 年 12 月《证券市场周刊》上发布的《康美谎言》一文，该媒体联合中能兴业投资咨询有限公司经过数月的研究与调查发现，作为 A 股资本市场上高增长代表的康美药业，其高增长神话可能是由造假、融资、再造假、再融资支撑的泡沫谎言。中药材贸易虽是康美药业增值的主要来源，但对此收入真实性考证的难度较大，因而他们重点调查了其项目投资情况。该报道翔实细致地揭露出：康美药业声称购买的土地并不存在或大幅缩水，公告上列示的土地证号不存在或作废；宣称的重大投资项目的建设规模实际上也远未达到，公告上列示工程累计投入上亿元但实地无施工现象；累计虚增的18.47亿元资产几乎与 2002—2010 年间净利润的总和相当。

表 7-1　康美药业部分过往负面新闻报道

时间	事件
2000—2014 年	据第一财经报道，马兴田行贿时任广东省委常委、广州市委书记万庆良，涉及金额达 200 万港币、60 万元人民币
2004—2011 年	据中国经济网报道，马兴田行贿时任揭阳市委书记陈弘平，共计 500 万港币
2000—2012 年	据央视新闻报道，康美药业为寻求公开发行股票或上市，行贿时任证监会发行监管部发行审核一处处长、创业板发行监管部副主任李量
2012 年	《证券市场周刊》发布《康美谎言》一文，强烈怀疑康美药业财务造假
2014 年 8 月—2015 年 11 月	据每日经济新闻报道，康美药业行贿时任广东省食品药品监督管理局药品安全生产监管处处长蔡ময，涉及金额共计 30 万港币
2019 年	《大众证券报》举办"十大黑榜上市公司"评选活动，康美药业名列榜首

资料来源：根据公开新闻报道整理而得。

本书系统梳理了康美药业财务欺诈事件发生的全过程（该事件的关键节点如图 7-2 所示），并依据事件发生性质将全过程划分为舆论期（2018 年 7 月—2018 年 11 月）、调查期（2018 年 12 月—2020 年 11 月）及诉讼期（2020 年 12 月—2021 年 12 月），在下文进行详细梳理。

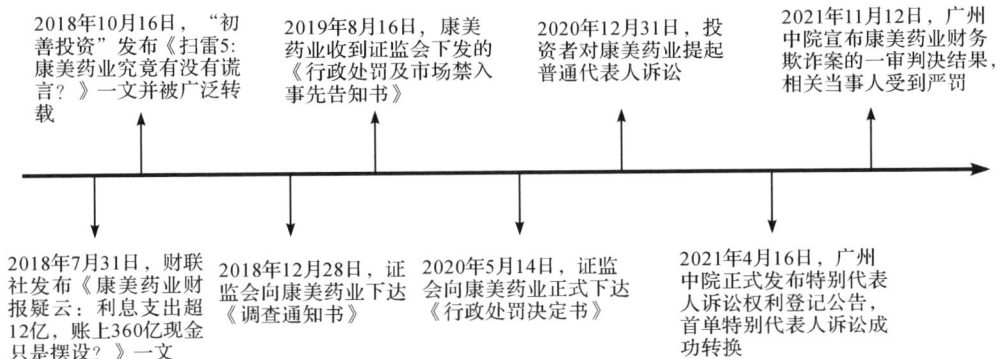

图 7-2 康美药业财务欺诈事件大事记

数据来源：根据公开资料整理绘制。

（一）舆论期（2018 年 7 月—2018 年 11 月）

对康美药业财务造假的质疑最开始源于互联网上的财经文章，一些观察敏锐的自媒体人在康美药业的财务报表中发现端倪。2018 年 7 月 31 日，财联社发布《康美药业财报疑云：利息支出超 12 亿，账上 360 亿现金只是摆设？》一文，指出康美药业管理混乱并且公司财报问题较多。紧接着，同年 10 月 16 日，名为"初善投资"的微信公众号在"投资扫雷文章"系列中发布了文章《扫雷 5：康美药业究竟有没有谎言？》，指出康美药业财报真实性存疑，造假特征明显。该篇文章次日便被雪球、今日头条等多家影响范围大的媒体转载，当日名为"市值相对论"的微信公众号亦发布一篇标题为"千亿康美药业闪崩！大存大贷大现金大质押哪个是坑？"的文章。

数篇文章皆指出康美药业存在财务造假的若干嫌疑之处，"存贷双高"是质疑最集中的一个点。根据康美药业 2018 年半年报的财务数据，公司货币资金金额为 399 亿元，有息负债却高达 347 亿元，分别占净资产的比例为 119%、104%，即一边是账面上保留的巨额现金，一边是需要支付高额利息的疯狂融资。康美实业作为康美药业的大股东还通过高比例的股权质押进行融资，截至 2018 年 3 月底，已将约 16 亿股进行质押，质押率高达 94.96%；截至 2018 年 6 月中旬，康美药业质押市值高达 530 亿元（质押率达 44.22%），是 A 股上市公司中质押市值位列前三的公司。高额账面存款和高额募资的操作需要巨大的资金代价,康美药业此举属实不符合商业逻辑,令人存疑。除此之外,以药材销售为主的康美药业的经营活动产生的现金流量较高,但是占净利润的比重却较低,即反映企业盈利质量,即净现比指标较低。从 2010 年至 2018 年上半年,康美药业累计净利润为 201.08 亿元,但是经营活动现金流量净额只有 94.65 亿元,净现比为 47.07%,其中 2016—2018 年的净现比如表 7-2 所示,2018 年甚至为负。此种财务数据说明,企业收益质量差,抑或存在舞弊行为,虚增了企业年收入与利润。

表 7-2　康美药业 2016—2018 年相关财务数据

	财务数据	2016 年	2017 年	2018 年半年度	2018 年
货币资金	报表货币资金/亿元	273.25	341.51	398.85	
	虚构货币资金/亿元	225.49	299.44	361.88	
	实际货币资金/亿元	47.76	42.07	36.97	
资产负债	报表资产总额/亿元	548.24	652.93	746.28	
	实际资产总额/亿元	322.75	353.49	384.40	
	负债总额/亿元	254.41	367.78	463.28	
	资产负债率/%	46.40	56.33	62.08	
	实际资产负债率/%	78.83	104.04	120.52	
净现比	净利润/亿元	33.37	40.95		11.23
	经营活动现金流量净额/亿元	16.03	18.43		−31.92
	净现比/%	48.05	45.00		−35.18
	差额/亿元	−17.34	−22.52		−43.14

数据来源:根据巨潮资讯网相关数据整理。

在数篇报道的重锤揭露与接连质问之下,2018 年 10 月 16 日,市值千亿元的中医药龙头企业康美药业股价早盘闪崩,市值缩水近百亿元;午盘后又被连番翘板,最终收跌 5.97%。即使 2 次发表澄清说明,康美药业的股价仍然在舆论的重创之下一度暴跌,之后 3 日均以跌停价收盘。与此同时,以"康美药业"为关键词的互联网大数据搜索指数呈爆炸性增长;更致命的是,持续发酵的事件引起了相关监管部门的注意。

(二)调查期(2018年12月—2020年11月)

2018年12月28日,证券会向康美药业下达《调查通知书》(编号:粤证调查通字180199号),内容为:"因你公司涉嫌信息披露违法违规,根据《中华人民共和国证券法》的有关规定,我会决定对你公司立案调查,请予以配合。"一纸公文让康美药业的造假风波正式进入官方的立案调查阶段。然而在此之后,康美药业的股价在2个跌停后即站稳,广大小散户仍未意识到问题的严重性,2019年股价仍呈现上涨趋势。

2019年8月16日,康美药业及其相关当事人收到证监会《行政处罚及市场禁入事先告知书》(处罚字〔2019〕119号)。2020年5月14日,《行政处罚决定书》(〔2020〕24号)和《市场禁入决定书》(〔2020〕6号)正式下达,康美药业受到顶格处罚。决定书中对康美药业在《2016年年度报告》《2017年年度报告》《2018年半年度报告》和《2018年年度报告》中的虚假记载进行了详细的列举,可知其在营业收入、利息收入、营业利润,虚增货币资金、固定资产、在建工程、投资性房地产方面进行了虚增,表7-3列示了其中部分虚假记载的财务数据。证监会按照当事人违法行为的情节等均给予了不同程度的处罚,马兴田、许冬瑾、邱锡伟作为此次信息披露违法行为中的主要决策者和实施者被罚款并被终身禁入证券市场;曾任或现任的独立董事江镇平、李定安、张弘、郭崇慧、张平也均被给予警告,对前两者均处以20万元罚款,对后三者均处以15万元的罚款。

表7-3 康美药业2016—2018年部分虚假记载的财务数据

财务数据	2016年	2017年	2018年(半年度)	2018年
虚增营业收入/亿元	89.99	100.32	84.84	16.13
多记利息收入/亿元	1.51	2.28	1.31	
虚增营业利润/亿元	6.56	12.51	20.29	1.65
占合并利润表当期披露利润总额的份额/%	16.44	25.91	65.52	12.11
虚增货币资金/亿元	225.49	299.44	361.88	
占公司披露总资产的份额/%	41.13	43.57	45.96	
占公司披露净资产的份额/%	76.74	93.18	108.24	
虚增固定资产/亿元				11.89

续　表

财务数据	2016 年	2017 年	2018 年（半年度）	2018 年
调增在建工程/亿元				4.01
调增投资性房地产/亿元				20.15
合计调增资产总额/亿元				36.05

数据来源：根据证监会对康美药业的《行政处罚决定书》（〔2020〕24 号）整理。

（三）诉讼期（2020 年 12 月—2021 年 12 月）

根据《中华人民共和国证券法》，康美药业作为上市公司因违法进行信息披露，不仅要受到证监会的处罚，相关的利益受损投资者也可以依法对其进行起诉、索赔。2020 年 12 月 31 日，顾华骏、刘淑君经 11 名原告共同推选为拟任代表人，提起普通代表人诉讼，由广州市中级人民法院受理此起责任纠纷案件。2021 年 3 月 26 日，法院发布《普通代表人诉讼权利登记公告》，作为依照国务院证券监督管理机构规定设立的投资者保护机构——中证中小投资者服务中心也在当日响应市场呼声公开接受投资者委托，次月便向法院申请转换为自身特别代表人进行诉讼。值得一提的是，普通诉讼代表人以明示加入、默示退出为原则，而特别代表人诉讼，则以默示加入、明示退出为原则。在此情况下，除梅毅勇等 9 名投资者依法行使明示退出的权利之外，其余 55326 名投资者成了共同原告，康美药业财务欺诈案也成为我国首个实践特别代表人诉讼及原告最多的案件。

2021 年 11 月 12 日，广州中院宣布一审判决结果，即康美药业被责令赔偿证券投资者 24.59 亿元，原董事长、总经理马兴田及 5 名直接责任人，正中珠江会计师事务所及其直接责任人承担全部连带责任，13 名相关责任人按过错程度承担部分连带赔偿责任。其中，独立董事江镇平、李定安、张弘为兼职独立董事，被判令在投资者损失的 10% 范围内承担连带赔偿责任（折合 2.459 亿元）；郭崇慧、张平为兼职独立董事，过失相对较小，且仅在《2018 年半年度报告》中签字，在投资者损失的 5% 范围内承担连带赔偿责任（折合 1.230 亿元），虽比例较小但由于赔偿基数大，独立董事仍需承担上亿元的连带赔偿，赔偿数额之大在市场中引起广泛关注。这一事件给上市公司独立董事敲响一记警钟，更是引发了一波独立董事的"辞职潮"。

三、案例分析

康美药业财务欺诈事件在资本市场上引起巨大震动,更是强烈地警醒了上市公司的"独立董事圈"。该事件引爆关注的导火点在于 5 位独立董事未勤勉尽责而需承担的"天价"连带赔偿责任,上亿元的赔偿金额与人均不过 10 万元的薪酬形成巨大反差,从而引发热议,如:独立董事怎样才算勤勉尽责? 如此惩罚是"权责不等"还是"过罚相当"? 中国的独立董事制度何去何从? 本部分针对关注热点与争议焦点,先从本事件出发重点分析独立董事勤勉尽责的边界(行为标准)及独立董事问责的处罚力度(责任标准);而后基于此,反思如何才能在事前预防独立董事监督失效,以发挥出独立董事制度的作用与优势(制度反思)。

(一)行为标准——独立董事勤勉尽责的边界

"勤勉尽责"是我国法律及行业规章要求独立董事的应尽义务,然而勤勉尽责与否的判断标准又是学术界与实务界共同面临的一大难题。独立董事勤勉尽责边界的认定既是司法执法的重要标准,也是广大独立董事在上市公司履职时的重要指引,本部分将其作为分析本案例的关键切入点之一。

在此起财务欺诈事件中,根据法院的审判结果,5 位独立董事"并未直接参与财务造假,却未勤勉尽责,存在较大过失,且均在案涉财务报告中签字"。5 位独立董事的抗辩理由主要有两点:第一,认为已勤勉尽责,认真审阅了公司报告并明确表达意见,虽未识别但已尽到审慎注意义务;第二,不知情、不获益,对康美药业各类违法行为事前事后均不知情且未从中获益。从结果论来看,康美药业本次的财务造假时间跨度长、涉及类目多、虚增金额大,具有专业能力的独立董事倘若确尽勤勉之责,不可能完全未发现端倪。从过程论而言,对审计报告等材料进行复核审阅,仅发表口头意见而未有效"留痕"、积极监督等并不能因此免责。换言之,本案例中独立董事抗辩的两点理由均不足以支撑其免责,未达到独立董事勤勉尽责的最低界限。

康美药业 2016—2018 年独立董事履职情况如表 7-4 所示。

表 7-4 康美药业 2016—2018 年独立董事履职情况

年份	独立董事姓名	参加董事会情况		参加股东大会情况	发表独立意见情况
		参加比率（实参次数/应参次数）	参加比率（以通信方式参加次数/总参加次数）	次数	发表否定意见的次数/发表独立意见的次数
2016	江镇平	100%（12/12）	66.7%（8/12）	2	0/4
	李定安	100%（12/12）	66.7%（8/12）	2	0/4
	张弘	100%（12/12）	66.7%（8/12）	2	0/4
2017	江镇平	100%（13/13）	84.6%（11/13）	2	0/8
	李定安	100%（13/13）	84.6%（11/13）	2	0/8
	张弘	100%（13/13）	84.6%（11/13）	2	0/8
2018	江镇平	100%（14/14）	71.4%（10/14）	2	0/3
	郭崇慧	100%（10/10）	70%（7/10）	2	0/3
	张平	100%（10/10）	70%（7/10）	2	0/3

数据来源：根据康美药业年报公告等整理而得。

现行的"勤勉标准"被广泛认为具有较强的主观性、模糊性、弹性（邢会强，2021），证监会高级经济师方重（2021）更是直言相关条文既不明确，也不详细，未能发挥参考作用。本案例从反面向公众展现，履职到何程度仍是未达到勤勉尽责的界限。无独有偶，自 2001 年陆家豪案（首例独立董事因未勤勉尽责而被行政处罚的诉讼案）至 2019 年底共有 15 起相关案例，案例中 18 位独立董事均是因为上市公司信息披露违法而被认定未勤勉尽责而受到相应处罚，并且无一胜诉，表 7-5 列明 2001—2019 年独立董事在"未勤勉尽责"诉讼中的辩解理由。梳理其辩解理由更能廓清"勤勉尽责"边界之外"未勤勉尽责"的具体内容（张婷婷，2020）。直面"勤勉尽责"的认定标准问题需厘清独立董事职责，独立董事的职责决定了其勤勉义务的范围。参见《中华人民共和国证券法》《上市公司治理准则》《上市公司独立董事履职指引》等的规章条目,可见独立董事履职的关键职责在于——监督且是独立监督,以监督者的立场对公司的经营实况进行持续的关注、了解及参与决策,确保公司经营合法合规,维护整体利益,尤其要保护中小投资者的合法权益。落实到更加显性具体的度量,部分研究认为独立董事亲自参加董事会会议、股东大会等会议的频率(全怡等,2017;汪新峰等,2020),发表否定意见的次数与类型(叶康涛等,2011;郑志刚等,2016),独立意见中出现"勤勉字符"内容(史春玲,2020)等能够更加具体地反映与度量独立董事勤勉尽责的程度。综合案例与过往研究,强监管、强责任时代下独立董事勤勉尽责会在过程性积极、合理审查、独立判断等层面加以重视,意识到独立董事的注意义务是过程性义务,持续关注并做好留痕的过程管理工作;突破停留在书面文件阅览的复核审查,而能进一步地"合理调查";基于多方资料的基础上做出独立性的判断与决策。

表 7-5　2001—2019 年"未勤勉尽责"诉讼中独立董事的辩解事由

类型	具体内容
主张自己已勤勉尽责	亲自参加了公司董事会会议等相关会议,就相关事项询问了公司相关人员并得到了合理解释,对相关问题提出了改进建议,等等
认为不具有可归责性	公司管理层刻意隐瞒,自己不知情,客观上无法防范;自己未参与相关违法行为,不具有主观过错
认为具有免责事由	公司经营环境因素:不参与经营、不了解公司经营状况等;专业能力因素:自己不具有经营管理、财务等方面的专业知识和能力等;合理信赖因素:出于对公司管理层、财务报告、政府公文的信任;等等
其他事由	未领取薪酬、甘做"花瓶董事"等

资料来源:根据张婷婷(2020)研究成果整理而得。

(二)责任标准——独立董事问责的处罚力度

康美药业财务欺诈事件中独立董事受到的处罚力度之大前所未有,成为震惊独立董事生态的最直接原因之一。当独立董事确未勤勉尽责,没有达到法律要求的履职标准,因违法行为被苛责时应当如何合理定责、把握处罚力度?通过本案例可见判决清晰有力地传递出"零容忍"的信号,这将助推独立董事体系中约束机制的健全。

在归责原则上,根据《公司法》第一百一十二条、《中华人民共和国证券法》第八十五条、《上市公司信息披露管理方法》第五十八条等规定,因公司违法行为对独立董事进行归责时采取的是"过错推定原则"。在过往案件中,"是否在违法决议上签字"是判定行政责任成立与否的一个重要标尺(傅穹等,2011)。本案例中是否在违法协议的审议上投赞成票是确定赔偿范围的重要依据之一,5 位独立董事均被认为是兼职独立董事,不参与日常经营管理,过失相对较小,郭崇慧、张平仅在 2018 年的报告上签字,承担的范围也相对较小。需要明确的是,"签字论"并不是唯一标准,更为关键的是 5 位独立董事均不能有力举证已尽到勤勉尽责,如果可证明在履职过程中做到及时质询、跟踪考评、实地调查等,即使最终披露的报告存在虚假,独立董事也不一定需承担法律责任。

在 2016—2018 年(半年度)报告的披露中,康美药业董事履职情况如表 7-6 所示。

表 7-6　在 2016—2018 年(半年度)报告的披露中康美药业董事履职情况

履职情况	2016 年	2017 年	2018 年(半年度)	2018 年
在董事会中投赞成票的董事	马兴田、许冬瑾、邱锡伟、马汉耀、林大浩、李石、江镇平、张弘、李定安	马兴田、许冬瑾、邱锡伟、马汉耀、林大浩、李石、江镇平、张弘、李定安	马兴田、许冬瑾、邱锡伟、马汉耀、林大浩、李石、江镇平、郭崇慧、张平	马兴田、许冬瑾、马汉耀、林大浩、李石、江镇平、郭崇慧、张平
在审议上投赞成票的独立董事	江镇平、张弘、李定安	江镇平、张弘、李定安	江镇平、郭崇慧、张平	江镇平、郭崇慧、张平

数据来源:根据证监会对于康美药业的《行政处罚决定书》(〔2020〕24 号)整理而来。

在处罚制度上,传统对独立董事的问责主要局限在行政处罚、公司问责及声誉损失等方面,在此案例中可见对独立董事的问责已涉及行政执法、刑事追责及民事追偿的三大制度。在 2020 年 3 月施行新《中华人民共和国证券法》之前,对上市公司高管的顶格处罚不过 60 万元,处罚金额与时效都相对有限;且目前国内的独立董事人才市场并未建设完善,极大限制了声誉效应对独立董事约束作用的发挥;在公司高管违法经营时更不会主动对独立董事的"未勤勉尽责"进行问责警告。2021 年 12 月 4 日,证监会副主席王建军在国际金融论坛(IFF)第 18 届全球年会上公开表示"加强投资者保护,是注册制改革的基础"。新《中华人民共和国证券法》实施以来,单在信息披露违规上,处罚金额就从 30 万—60 万元上升至 50 万—500 万元,改革基调可见一斑。如康美药业财务欺诈案中集体诉讼的转换、"默示加入,明示退出"的制度设计等,原告人数陡升至 5 万余名,赔偿金额亦飙升至上亿元,如表 7-7 所示,即使 5 位独立董事在康美药业任职数年的薪酬收入总和也难抵"天价"赔偿。进一步加强对投资者保护的大背景下,势必相应收紧对上市公司董监高的监督强度与处罚力度,独立董事的任职风险也因此成倍加大。在免责机制尚未普及的情况下,处罚力度过大可能严重挫伤现有独立董事的履职积极性(李维安,2021),康美药业案后截至 2021 年底 A 股中已有超 60 余股出现独立董事离职情形。强责任时代下,强化问责制度的同时需要完善免责体系,否则极大缺失职业安全感的"独立董事"一职难以吸纳优秀的专业人士,紧绷的责任捆绑也将束缚广大独立董事正常的履职过程,阻碍推动公司治理结构的优化。

康美药业独立董事年收入与赔偿额对比情况如表 7-7 所示。

表 7-7　康美药业财务欺诈案中涉案独立董事年收入与赔偿额

（单位:万元）

金额	李定安	江镇平	张弘	郭崇慧	张平
2003 年收入	4.80				
2004 年收入	4.80				
2005 年收入	4.41				
2006 年收入		2.80	2.80		
2007 年收入		4.52	4.52		
2008 年收入		6.80	6.80		
2009 年收入		7.20	7.20		
2010 年收入		7.20	7.20		
2011 年收入		7.54	7.54		
2012 年收入	4.00	3.70	3.70		
2013 年收入	7.39				
2014 年收入	7.39		4.93		
2015 年收入	7.39	7.39	3.68		
2016 年收入	7.39	7.39	7.39		
2017 年收入	7.39	7.39	7.39		
2018 年收入	14.84	10.08	3.70	7.00	7.00
2019 年收入	20.22	12.01		12.01	12.01

续　表

金额	李定安	江镇平	张弘	郭崇慧	张平
2020 年收入	16.80	12.00		12.00	5.09
薪酬总计	106.82	96.02	66.85	31.01	24.10
行政处罚	20.00	20.00	15.00	15.00	15.00
连带赔偿	24590	24590	24590	12295	12295

数据来源:根据康美药业历年公司公告、《行政处罚决定书》(〔2020〕24 号)、《民事判决书》(〔2020〕粤 01 民初 2171 号)整理而得(阴影部分为李定安任职康美药业监事时的薪酬收入)。

(三)制度反思——独立董事的制度短板

康美药业财务欺诈案以严罚问责申明了强责任时代下独立董事勤勉尽责的行为标准与责任标准,重拳警醒资本市场中万余名独立董事。在强大的震慑效应之下,不应止于对个人层面的利害分析,更需借此案倒逼反思独立董事制度中尖锐的共性问题,以长远的眼光在制度层面寻觅不足,从根子上补齐制度短板。

如康美药业财务欺诈案中独立董事监督失灵问题屡见不鲜,而造成监督失灵之"果"的"因"牵涉提名产生、行权过程、评估薪酬、问责机制等关键环节。独立董事制度从英美体系引入国内,与我国现实环境不同的是,英美等国家是股权分散缺乏制衡、市场相对成熟、法律配套完善的环境,在我国"一股独大"的市场背景下照搬施行大股东或高管选聘的独立董事提名机制则"水土不服",广受诟病。我国独立董事制度,一方面要求独立董事作为"守门人"进行有效监督,另一方面独立董事在选聘、领薪、连任等关键利益节点均与"当家主人"大股东或高管的支持紧密相连,"先天不足"是导致上市公司独立董事不独的隐患基因。独立董事正式履职的过程当中亦有一对矛盾之处:一方面,要求独立董事独立判断,但在法院判罚时认真阅读第三方机构的审计报告不足以证明其勤勉尽责;另一方面,相比于执行董事,不参与日常经营的独立董事高度依赖高管或事务所机构提供的信息资料做出决策判断。因此,需考虑在要求独立董事做到合理调查、独立决策的同时为其提供相应的支持和保障措施。现行薪酬体系下,独立董事履职勤勉与否又与其薪酬高低无直接联系,且根据 2021 年中国上市公司治理评价结果,独立董事平均薪酬仅 8.56 万元,形成薪酬低、要求高、责任大的失衡现状。稍有不慎,独立董事亦有可能卷入违法案件当中,目前法律尚未形成对独立董事群体分类分级的处罚条目,"一刀切"的问责制度极大增加了独立董事的任职风险……康美药业财务欺诈案以极端结果警醒独立董事生态的同时,也加速督促独立董事制度中的不合理、不完善之处被改革重塑。

四、启发思考

通过对康美药业财务欺诈案的分析,在振聋发聩的"零容忍"信号之下进一步明晰了强责任时代下独立董事勤勉尽责标准的高度,并从制度层面再反思造成监督失灵的前置原因。此时,要做到以下两点:第一,加强对投资者保护的改革基调下,将独立董事的监督职责置于更高的维度,也将独立董事的履职责任层层压实;第二,为避免造成独立董事一职风险与收益扭曲失衡的不利局面,一手严抓问责约束体系的落实,一手也需完善免责保障制度,界限明晰,奖惩分明,维护独立董事职业安全感的同时督促其勤勉、归位尽责。

(一)问责体系

在问责体系上,从康美药业财务欺诈案中可见,目前对于独立董事问责的尺度已从传统的行政处罚延展至行政、民事与刑事责任相互支持与衔接的制度法网,未来可进一步加强制度合力的规范性,强化问责机制的约束力与强制力。与此同时,可完善独立董事人才市场的声誉评价体系,通过交易所年报问询、重大关联交易事项问询等方式定时定期考核以形成第三方的任职评价体系,一旦由于独立董事个人原因造成所任职上市公司涉嫌虚假陈述等违法行为,可对其进行公开问责、禁入证券市场的处罚,这些还会让独立董事承受体系较大的负面声誉损失,负面清单与准入制度的设立可通过负面声誉激励对高专业度的独立董事群体进行有效约束。声誉约束的同时加之经济约束,独立董事的收入不再仅仅由上市公司无差异化地发放,而是可分为两部分,证监会从各上市公司统一收取并管理,再根据独立董事的履职考核与声誉评价情况差异性地发放薪酬津贴。为避免权责不一,独立董事的处罚金额的确定除了根据过错大小判令赔偿范围之外,也需进一步考虑独立董事的总收入，可参照日本公司法中以独立董事收入总额为限确定赔偿数额，营造市场约束有效的制度环境和良好生态。

(二)免责保障

在免责保障上，对于独立董事而言不能仅停留在对其问责之时的董监事及高级管理人员责任险(以下简称董责险)的保护缓冲等，更应广义地保障其在履责过程中的职权发挥、事前事中的制度支持。独立董事除具有董事的一般职权之外还具有有别于其他董事的特别职权，因此在对独立董事定罚时也可对不同的独立董事群体进行分类分级的细分违规处罚，避免"一刀切"的处罚定责；定责时设置有效的信息沟通机制，对独立董事进行合理课责；也可通过为独立董事进行董责险的投保，降低处罚独立董事时的赔偿压力，但是董责险也不是"护身符"，对于故意违法者不予保护，对过失侵权者给予一定程度的免责机制包容。

为解决独立董事"不独不懂"的治理痛点，要让独立董事在事前即拥有配套的免责保障，为广大恪尽职守的独立董事提供制度支持，并应贯穿选聘、行权等过程。优化独立董事的任职程序，从源头为独立董事的独立监督保驾护航：可以将原本由大股东或高管提名的选聘制改革为"独立董事委派制"，即为促进独立董事专职化发展，综合考虑专业相关度、关系亲疏度等，由中国上市公司协会统一委派；也可先由证监会、交易所、投资者、中小股东，再共同参与建立独立董事人才库，共同提名再经由上市公司选举。与传统的产生机制相比，进行提名机制的改革可将独立董事从原来高度的依附关系中解脱出来，更加公正洒脱地对上市公司进行外部监督。在要求独立董事的独立决策不能过于依赖高管及审计机构等提供的结果性资料时，也需为独立董事的"合理调查"提供相应的渠道支持。资深高管曾言我国独立董事面临"无日常工作机构、无办公履职设施、无履职权威"的"三无"尴尬局面，则制度层面上也应更好地维护独立董事的职权行使，保障独立董事拥有更加广泛有效的信息渠道、实地考察通道等尽调手段，例如公司的办公系统中应为独立董事开设专门账户，当有重大关联交易等需独立董事持续关注和了解的事项时，独立董事可阅览到财务部门、人力部门等上传的资料，而不是仅依赖大股东首肯提供的资料文件，从而解决独立董事信息不对称、信息来源单一的履职困境。与此同时，对独立董事的任职勤勉度做出更加细化的要求，如：公司会议出席率、有效意见表达率、在岗工作时长需要达到最低界限,对于公司事务并不只是简单询问,而要做出完整独立的判断并且审议意见时有所记录;意见需要有效表达,董事会会议上提出的异议并不止步于口头交流,而要在董事会会议记录上有所体现,并且要在后续跟进了解是否合理解决;履职报告更加详尽细化。尽量做到"有依据、留依据"的留痕工作,以此倒逼督促独立董事勤勉履职的同时也为其事后问责预留有力的免责举证资料。让独立董事在履职过程当中既有来自问责体系的外部压力,也有对勤勉尽责提供免责保障的现实机会,是未来构建风清气朗而不失活力和韧性的证券市场的应有之义。

第二节　实证研究:独立董事声誉制度对大股东掏空的抑制作用

在股权高度集中的背景下,大股东掏空问题突出,独立董事监督失灵、职能异化现象时发,源于缓解代理冲突而引入的独立董事制度饱受诟病。作为中国公司治理制度体系的重要内容,独立董事制度在我国现代管理情境下是否有效及如何高效实施成为近年来学术界的争论焦点。本部分立足独立董事声誉制度视角,利用 2015—2019 年 A 股上市企业样本,打破原有以兼任均值同质化企业独立董事的局限,细化独立董事团队中不同声誉层次群体,研究异质化独立董事群体对于声誉制度的践行实况及内在履职逻辑,并且进一步聚焦股权集中维度,探讨如何保障独立董事声誉制度的有效运行。

一、绪　论

(一)研究背景

在新冠疫情和逆全球化双重危机情境下,全球经济下行压力加大,我国上市公司经营面临严峻考验,提升上市公司治理水平、完善包括独立董事制度在内的公司治理体系成为促进经济高质量发展的必由之路。由于历史原因,我国上市公司多由国有企业和家族民营企业改制而来,普遍存在"一股独大"现象,为防止"关键少数"利益侵占等问题,2001年证监会发布《指导意见》,自此独立董事制度在我国正式以法律形式确立。然而20多年的实施过程当中,"人情董事""签字董事"等的出现让独立董事制度在被寄予厚望之下也饱受诟病。继2013年反腐风暴、2015年"宝万之争"后,2019年上海财经大学副教授钱逢胜事件再一次将独立董事声誉问题推上风口浪尖。2020年8月,中国上市公司协会发布修订版《上市公司独立董事履职指引》,同年10月国务院发布《关于进一步提高上市公司质量的意见》,可见在经济新常态下国家进一步加大对独立董事制度的重视程度,明确独立董事义务、职权行使、参加董事会会议的履职要求等,强调独立董事要忠实勤勉履职,充分发挥监督作用。

　　一直以来,学术界与实务界对独立董事制度均持续关注。对独立董事声誉制度的研究,国外从20世纪80年代已兴起,但随着管理情境的发展演变,该制度近年来也受到不同程度的冲击。而中国的独立董事制度研究表明,一方面,在中国股权集中等背景下,独立董事的职能从原本的监督向提供咨询或积累人脉关系方向异化,高声誉亦传递出其连锁资源的丰富,同时存在促进大股东以关联交易方式侵占公司利益的风险;另一方面,声誉作为抽象概念,研究时广泛采取兼任数来衡量,独立董事兼任是市场选择的结果,体现其能力高低,但独立董事也面临精力分配问题,"忙碌假说""精力假说"被研究者纷纷验证解读。

　　基于此研究现状,本部分立足于独立董事基本监督职能,细化独立董事声誉测量指标,选取大股东掏空这一普遍存在且亟待解决的问题作为监督观测效果指标,研究独立董事声誉制度对大股东掏空行为的抑制作用,并且以大股东股权集中度为切入点保障独立董事声誉制度运行环境,为避免独立董事声誉制度的低效实施提供一定经验借鉴。

(二)研究意义

1.理论意义

(1)丰富了独立董事制度有效性的相关研究。独立董事制度自引入我国开始,对于该制度有效性的争论就颇多。部分学者肯定该制度更加完善我国公司治理结构;但也有学者认为我国公司股权结构不同于英美国家,在我国已有的"二元制"公司治理模式的土壤上,这一制度并不适用;亦有观点认为我国外部股权市场、人才市场仍不完善,该制度的失效不应仅归因于制度本身的缺陷。本部分基于此具有争论性的研究选题,选取大股东掏空这一普遍存在而又必须解决的问题,探究独立董事制度对此的监督抑制作用,并根据现实样本进行实证检验,从而丰富有关独立董事制度有效性的相关研究。

(2)探究了独立董事声誉制度的相关研究。独立董事声誉制度是独立董事激励制度中的重要内容,早在 20 世纪就已提出并被权威管理学者赋予关键意义。近年来,由于独立董事监督职能异化等现实情境演变及独立董事声誉指标的测度局限等原因,有关声誉制度研究中仍存在部分待解决的问题。本部分在原有研究的基础上,打破以兼任均值同质化企业独立董事团队的局限,细化企业独立董事团队中不同声誉层次群体,探究不同层次群体对于声誉制度的践行实况及内在履职逻辑。

(3)从独立董事履职有效性视角拓展了大股东股权集中研究。本部分在实证研究独立董事声誉制度对于大股东掏空行为影响的基础上,以大股东股权集中度这一关联性与影响性双高要素为切入点,进一步探究影响独立董事声誉制度有效发挥的运行环境;从为保障独立董事履职有效性的角度出发,分析大股东股权集中度的影响程度,基于大股东持股比例这一维度对此形成研究结论,同时拓展了大股东股权集中度的研究范畴。

2. 现实意义

(1)为进一步完善独立董事制度提供理论借鉴。独立董事制度从西方国家引入我国后,由于中西国家制度背景等的差异,以及实施过程中现实经营管理的复杂性变化,易形成"水土不服"或治理失效等困局,需要因时因地对独立董事制度进行调整和完善,把握核心职能诉求,最大限度发挥独立董事作用。本部分以2015—2019 年上市公司样本数据为事实依据,以该领域主流经典研究为理论依据,形成研究结论,为进一步完善我国独立董事制度提供部分理论借鉴。

(2)为上市公司聘任和激励独立董事提供决策依据。证监会规定上市公司中独立董事成员占董事会成员的比例不得低于 1/3,即独立董事聘任是每家上市公司都需解决的事项。希望通过本书的研究,能够提高企业对独立董事的重视程度,而不仅仅是聘任关系较好的人员,放任其成为"花瓶独立董事""签字独立董事"等,从选聘伊始即注重独立董事的专业能力与声望名誉,并在独立董事履职过程中保障薪酬激励与声誉激励并重,提高独立董事对企业的价值贡献。

(三)研究内容与研究方法

1.研究内容

本部分研究的目的是基于委托代理、信息不对称及激励与约束理论,探究独立董事声誉制度对大股东掏空行为的影响,在以往对独立董事声誉研究的基础上进一步细分独立董事团队中不同声誉层次群体对于独立董事声誉假说的验证情况,并且考察大股东持股比例对独立董事声誉制度的影响,再结合研究结论提出建议举措。

本部分主要研究内容包含以下 6 个部分。

第一部分:绪论。该部分主要介绍研究的背景与意义及为什么选择"独立董事声誉制度对大股东掏空的抑制作用的实证研究"这一研究课题,并且阐述进行此研究具有怎样的理论意见与现实意义;接下来介绍本部分的研究内容与研究方法,对整体内容进行概括性梳理并且简要介绍本部分使用的两大研究方法——文献归纳法与实证分析法。

第二部分:文献回顾、理论分析与研究假设。该部分回顾了有关独立董事、大股东掏空、独立董事声誉与大股东掏空研究的代表性文献,回溯研究历史,明确研究现状。接着主要介绍了委托代理、信息不对称及激励与约束三大理论,在此基础上分析独立董事声誉制度具有有效性的理论逻辑,并据此提出 3 个假设。

第三部分:研究设计。该部分主要介绍研究的样本选取与数据来源情况,对被解释变量、解释变量及控制变量进行了变量定义与度量说明,并构建 3 个回归模型,为下文实证部分奠定基础。

第四部分:实证结果与分析。首先,对各变量进行均值、标准差、最小值、最大值的描述性统计分析,介绍各变量特征情况;其次,对各变量进行 Pearson 相关性分析,判断是否适合进行回归分析并做出初步说明;然后,进行 3 次回归分析,验证上文 3 个假设,并结合理论分析对回归结果进行合理性解读;最后,采取替换被解释变量的方法对模型进行稳健性检验。

第五部分:进一步实证分析。结合上文实证分析结果及现实管理情境,拓展性探究大股东股权集中是否会阻碍独立董事声誉制度的实施,再引入大股东持股比例这一调节变量,构建模型并且实证检验,得出研究结论。

　　第六部分:研究结论与展望。该部分总结归纳本部分的主要研究结论,并且根据研究结论针对独立董事声誉制度与大股东股权集中情况提出可行性的建议与对策。最后指出本部分研究存在的不足之处、今后可改进的方向及未来的研究展望。

　　本部分的研究框架如图 7-3 所示。

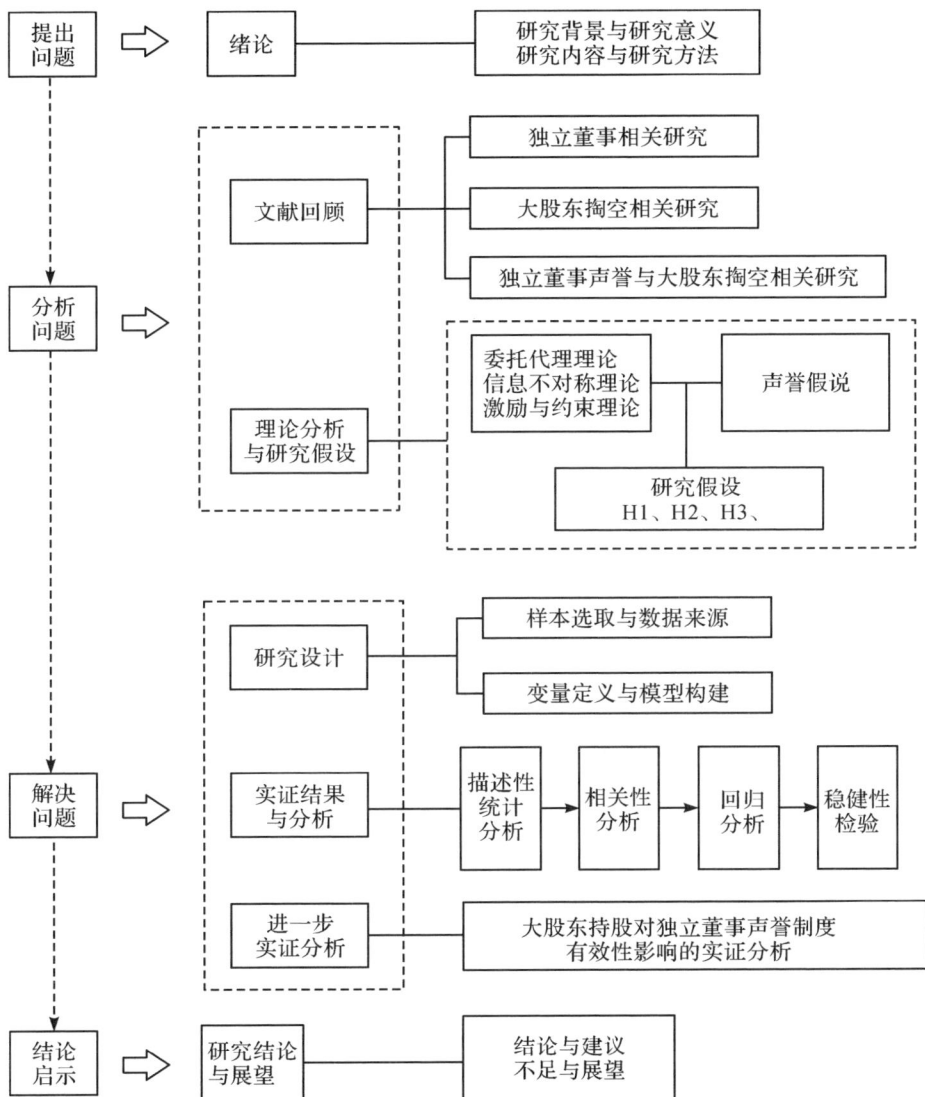

图 7-3　研究框架

2.研究方法

（1）文献归纳法。本部分采用了文献归纳法,对独立董事、大股东掏空、独立董事声誉等相关研究进行整理分类、归纳对比,据此形成了文献综述,以回溯已有研究,明确有关该研究主题的历史背景、当前研究进展及未来发展趋势。在已有研究的基础上,本部分探究独立董事声誉制度对大股东掏空的影响,通过文献归纳法为本部分研究提供研究思路与理论基础。

（2）实证分析法。本部分选取沪深两市 A 股上市公司为研究对象,从国泰安 CSMAR 数据库获取高管个人资料、关联交易情况、兼任信息、股本结构文件等资料,使用 Excel 2019 与 Python 3.8.3 软件对数据进行初步筛选、计算与匹配,获得 3464 家企业 2015—2019 年的面板数据,再使用 Stata 16 对本部分的研究变量进行描述性统计分析、相关性分析、回归分析等,对主要假设进行检验并得出研究结论。

二、文献回顾、理论分析与研究假设

本部分主要基于委托代理、信息不对称及激励与约束三大理论进行分析。委托代理理论于 1973 年由 Ross 在《美国经济评论》上首次提出,是现代制度经济学契约的主要理论之一。两权分离情况下,委托人与代理人之间因利益冲突与激励不相容而导致效率损失,引起第一类代理问题;不同于英美国家企业的股权分散,中国企业的股权集中度较高,控股股东可凭借控制权牺牲中小股东利益以谋取私利,因此大股东与中小股东之间存在利益冲突,引起第二类代理问题;此外国内也有学者结合中国管理情境相应提出监督"内部人控制"而引发的第三类代理问题及监督"两职合一串谋"行为而引发的第四类代理问题(曲亮等,2014)。独立董事在委托人与代理人两个子系统之间构建网络结构洞,履行监督职责。信息不对称理论由美国经济学家 George Akerlof 于 1970 年提出,主要指市场经济中信息获取具有差异性,优先获取信息的一方可利用此优势取得收益。在企业经营中,中小股东相对处于弱势地位,大股东拥有更广泛的信息获取渠道、掌握丰富性与时效性更佳的高质量信息,在此情况下大股东更易产生掏空动机,发生掏空行为。

独立董事能促使上市公司披露的信息更加及时、规范、真实,这有助于中小股东更全面地了解公司经营状况,规避风险。激励与约束理论是现代人力资源管理的重要内容,Alchian et al.(1972)在探讨监督者形成过程中首次提出"激励—约束"机制,即通过显性激励或隐性激励激发内生驱动力,并且结合约束机制明确经济后果,规范行为,以实现组织所期望的目标。

独立董事被委以监督重任进入公司,用以缓解信息不对称下的委托代理问题。对于独立董事的激励机制主要有显性层面的薪酬激励及隐性层面的声誉激励,其中薪酬激励可降低企业违规行为发生的可能性及严重性(周泽将等,2021),同时,基于薪酬黏性对独立董事进行利益引诱(刘孟晖,2021),但我国独立董事的薪酬模式一直以固定薪酬为主,其表现优劣并不会直接影响到当年收入,此种模式下激励程度有限。有学者认为,独立董事发挥治理作用主要还是依赖于声誉制度(谭劲松等,2019),声誉制度通过激励与约束双重机制发挥作用。在完善的劳动力市场中,独立董事的决策价值决定了其人力资本价值,被聘任前其积累的专业声誉及被聘任后在企业的履职质量都将反映其具体价值,并作为一种信号进行传播。独立董事勤勉尽职会转化成其外在信誉度,进一步增加其就职机会与人力价值;若独立董事未能尽职,企业遭遇财务危机、诉讼困境等,独立董事不仅"监督者"角色被弱化,连带"决策专家"的声誉也会受损(Brochet et al.,2014)。当独立董事面对丰厚的物质利诱时,出于对自身声誉的维护而有所顾虑,这增加了其拒绝非法合谋行为的可能性。

对于独立董事声誉,大多数学者采用独立董事兼任数量这一变量来衡量,认为一名独立董事被越多的企业聘用说明其声誉越高,兼任数量的多少内嵌了其自身能力的高低,这是市场选择的结果。但也有学者实证探究发现,独立董事兼任席位越多,公司的债券违约风险越大(李志辉等,2017),并与公司的真实盈余管理行为之间存在负相关关系(蔡春等,2017),因此"精力假说""忙碌假说"也成为与"声誉假说"相对的一大假说。基于上述可能存在的冲突,本部分对独立董事声誉的测量沿用常用做法,即不仅考察独立董事兼任数的平均值,而且保留同质化独立董事制度下独立董事个人异质性,探究企业独立董事团队中兼任最大值与兼任最小值的独立董事履职情况,以及不同声誉层次的独立董事在基于个人声誉维护动机下勤勉履职的内在逻辑。基于以上分析,本部分提出如下 3 个假设:

*H*1：限定其他条件的情况下,独立董事声誉(兼任平均值)与大股东掏空行为呈负相关。

*H*2：限定其他条件的情况下,独立董事声誉(兼任最大值)与大股东掏空行为呈负相关。

*H*3：限定其他条件的情况下,独立董事声誉(兼任最小值)与大股东掏空行为呈负相关。

本部分研究模型如图 7-4 所示。

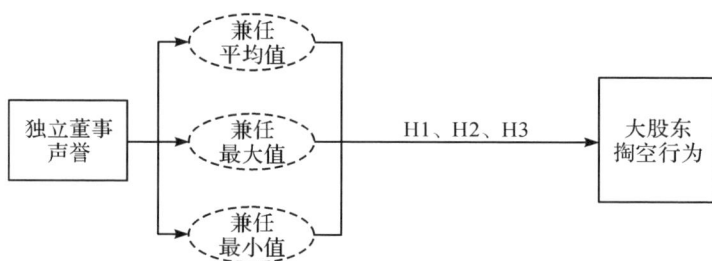

图 7-4　研究模型

三、研究设计

(一)样本选取与数据来源

本部分选取 2015—2019 年中国沪深两市 A 股上市公司作为初始研究样本,依据研究惯例剔除了以下样本观测值:①剔除金融类企业的相关数据,避免金融类企业财务状况与其他行业差异性较大带来的影响;②剔除 ST、* ST 类企业的相关数据;③剔除各变量数据存在缺失的样本;④为避免极值影响,对易出现极值的连续变量在 1％和 99％分位上做了 winsorize 缩进处理。经过以上筛选处理,最终共计得到 3464 家样本企业、15126 个企业年观测值。本部分相关数据来源于国泰安 CSMAR 数据库,通过软件 Stata 16、Excel 2019 及 Python 3.8.3 对数据进行了处理和分析。

（二）变量定义与模型构建

1. 变量定义

（1）被解释变量。早期研究较多采用非经营性收入和非经营性损失（Bertrand et al.，2002）等代理变量来测度，但此种方式较为模糊并且噪声干扰严重；近年来，测度方式转向以某类具体掏空行为来衡量。大股东掏空一般分为现金流掏空、资产掏空、股权掏空3种，资金占用在2003年证监会的严厉打击之下较少存在，关联交易成为最常用的掏空手段（Vladimir et al.，2008）。关联交易更为隐蔽且形式多样，在国家法制不够完善（Denis et al.，2003）及企业IPO（Aharony et al.，2010）之后大股东都会更倾向于采用关联交易方式进行掏空。此外，根据证监会发布的《指导意见》，企业独立董事对于关联交易事项具有审查职能，且重大事项需要独立董事签字认可方可进行。本部分参照以往权威学者做法（周泽将等，2019），结合数据的可获得性与时效性，选择关联交易来代表大股东掏空行为，由于企业关联交易金额较大，为克服数量级上的差异，取公司一年内关联交易总金额的自然对数进行数据分析。

（2）解释变量。独立董事的兼任数量内嵌了其声誉价值，本部分对独立董事声誉的测量在参照已有文献（祝继高等，2015；韩晴，2016；谭劲松等，2019）的基础上，结合本部分不同层次独立董事声誉的研究内容，选取每家公司所有独立董事兼任数的平均值、最大值及最小值作为解释变量。

（3）控制变量。根据研究内容、数据特点及以往研究发现，本部分选取企业规模、独立董事占比、高管持股占比、总资产净利润率、资产负债率为控制变量。企业规模（SIZE）用总资产的自然对数表示，独立董事占比（DRE）用独立董事人数与董事会规模的比值表示，高管持股占比（ESHARE）用高管持股数与总股本的比值表示，总资产净利润率（ROA）用净利润与总资产余额的比值表示，资产负债率（DE）用总负债与总资产的比值表示。

总体变量定义与说明情况如表7-8所示。

表 7-8　变量定义与说明

变量类型	变量名称	变量符号	变量定义
被解释变量	大股东掏空	RPT	公司一年内关联交易总金额的自然对数
解释变量	独立董事兼任平均值	AVG	每家公司所有独立董事兼任数的平均值
	独立董事兼任最大值	MAX	每家公司所有独立董事兼任数的最大值
	独立董事兼任最小值	MIN	每家公司所有独立董事兼任数的最小值
控制变量	企业规模	SIZE	总资产的自然对数
	独立董事占比	DRE	独立董事人数与董事会规模的比值
	高管持股占比	ESHARE	高管持股数与总股本的比值
	总资产净利润率	ROA	净利润与总资产余额的比值
	资产负债率	DE	总负债与总资产的比值

2.模型构建

本部分研究 2015—2019 年 A 股上市公司独立董事声誉制度对于大股东掏空行为的影响,采用多元线性回归进行数据分析,构建了如下模型。

模型(1)是企业独立董事兼任平均值与关联交易之间的回归分析,用以研究企业独立董事声誉平均水平对大股东掏空行为的影响,验证假设 1:

$$RPT = \alpha_0 + \alpha_1 AVG + \alpha_2 SIZE + \alpha_3 DRE + \alpha_4 ESHARE + \alpha_5 ROA + \alpha_6 DE + \varepsilon_1$$

$$(7\text{-}1)$$

模型(2)用以验证假设 2,反映企业中具有高声誉水平的独立董事对大股东掏空行为的影响:

$$RPT = \beta_0 + \beta_1 MAX + \beta_2 SIZE + \beta_3 DRE + \beta_4 ESHARE + \beta_5 ROA + \beta_6 DE + \varepsilon_2$$

$$(7\text{-}2)$$

模型(3)用以验证假设 3,选取企业中兼任数最小的独立董事群体,探究其与大股东掏空行为之间的关系:

$$RPT = \gamma_0 + \gamma_1 MIN + \gamma_2 SIZE + \gamma_3 DRE + \gamma_4 ESHARE + \gamma_5 ROA + \gamma_6 DE + \varepsilon_3$$

$$(7\text{-}3)$$

四、实证结果与分析

（一）描述性统计分析

在实证分析之前，需要对样本数据的总体情况及各变量的特征有所了解，这里运用 Stata 16 软件对研究中的被解释变量、解释变量及控制变量进行均值、标准差、最小值及最大值的描述性统计分析，结果汇总如表 7-9 所示。

表 7-9 总样本的描述性统计结果

变量	观测值/个	均值	标准差	最小值	最大值
RPT	15126	20.1567	2.4787	13.9260	25.2449
AVG	15126	1.8695	0.8250	1.0000	6.6667
MAX	15126	2.9797	1.5996	1.0000	11.0000
MIN	15126	1.1310	0.4473	1.0000	5.0000
$SIZE$	15126	22.2036	1.2772	19.9084	26.0747
DRE	15126	0.2063	0.0514	0.0769	0.5000
$ESHARE$	15126	0.1552	0.2056	0.0000	0.6910
ROA	15126	0.0396	0.0630	-0.2855	0.1950
DE	15126	0.4100	0.2000	0.59485	0.8859

从表 7-9 可知，全样本共有 15126 个观测值，各变量之间存在差异性。

（1）被解释变量：企业关联交易的均值为 20.1567，标准差为 2.4787，最小值为 13.9260，最大值为 25.2449，表明 A 股上市公司中存在一定的掏空现象，并且不同企业的掏空程度存在较大差异。

（2）解释变量：独立董事总体最高兼任数约为 3，最低兼任数约为 1，平均兼任数约为 2，差异不大，也符合要求（兼职数在 0—5 之间），说明数据处理的结果是合理可信的，也可见独立董事总体平均忙碌程度并不高。对于独立董事中兼任最大值（MAX），各企业之间存在较大差异，最低为 1，最高达到 11，标准差为 1.5996；兼任最小值（MIN）差异不大，标准差为 0.4473，但也有企业独立董事的最低兼任数已顶格达到 5；计算兼任平均值（AVG）时，各企业中，最大值约为 7，最小值约为 1，且其标准差为 0.8250，说明各企业聘任的独立董事的声誉存在差异性。

（3）控制变量：企业规模分布在 19.9084 与 26.0747 之间，均值为 22.2036，标准差为 1.2772，可见各企业之间的规模存在差异，企业规模对其关联交易金额存在影响，将此变量列为控制变量。独立董事占比最小为 7.69%，最大达到 50.00%，最大值约是最小值的 7 倍，差异较大，样本企业的平均值仅有 20.63%，并未达到我国独立董事制度中独立董事比例不得少于 1/3 的规定，可见我国独立董事制度的实施方面仍存在缺陷，需加强监督。高管持股占比最低为 0，最高达到 69.10%，差距极大，说明各企业高管对企业的控制权存在较大差距。总资产净利润率均值为 3.96%，水平偏低，部分公司甚至出现负利润，最小值为 −28.55%，最大达到 19.50%。资产负债率平均值为 41.00%，整体负债水平不高，但也有部分企业的资产负债率达到 88.59%，存在资不抵债的财务风险。

（二）相关性分析

本部分对研究中各变量两两之间进行 Pearson 相关性分析，检验两者之间的相关程度，并且判断是否适宜进行线性回归分析，表 7-10 列示了相关性分析结果。

表 7-10　各变量 Pearson 相关性分析结果

变量	RPT	AVG	MAX	MIN	SIZE	DRE	ESHARE	ROA	DE
RPT	1.000								
AVG	−0.018**	1.000							
MAX	−0.016**	0.859***	1.000						
MIN	−0.004	0.567***	0.251***	1.000					
SIZE	0.697***	0.018**	0.018**	0.016	1.000				
DRE	−0.201***	−0.110***	0.023***	−0.127***	−0.235***	1.000			
ESHARE	−0.369***	0.076***	0.072***	0.029***	−0.397***	0.213***	1.000		
ROA	−0.192***	0.044***	0.047***	0.007	−0.054***	0.073***	0.171***	1.000	
DE	0.605***	−0.005	−0.014	0.012	0.541***	−0.169***	−0.294***	−0.356***	1.000

注：*** 表示在 0.01 水平（双侧）上显著相关；** 表示在 0.05 水平（双侧）上显著相关。

由表 7-10 可看出,大股东掏空行为(关联交易总金额)与独立董事兼任平均值的相关系数为 -0.018,在 0.05 水平上显著负相关;与独立董事兼任最大值的相关系数为 -0.016,在 0.05 水平上显著负相关,初步说明独立董事的声誉制度在一定程度上可以抑制大股东的掏空行为;与独立董事兼任最小值的关系并不显著,在下文回归分析中再控制其他变量进一步确认其影响。此外,各回归模型中的解释变量与控制变量之间相关系数均小于 0.2,说明解释变量与控制变量之间不存在多重共线性问题;控制变量之间相关系数均小于 0.6,说明控制变量之间不存在严重的多重共线性问题。这为后文分析结果的可靠性提供了保障性依据。

(三)回归分析

为了验证独立董事声誉制度对大股东掏空行为的影响,本部分对提出的 3 个假设分别按照模型(1)、模型(2)、模型(3)进行回归分析,结果如表 7-11 所示。

表 7-11 独立董事声誉与大股东掏空行为的回归分析结果

变量	(1)	(2)	(3)
	RPT	RPT	RPT
AVG	-0.061*** (-3.75)		
MAX		-0.021** (-2.53)	
MIN			-0.083*** (-2.78)
$SIZE$	0.982*** (73.65)	0.982*** (73.58)	0.981*** (73.55)
DRE	-0.834*** (-3.09)	-0.698*** (-2.60)	-0.809*** (-2.99)
$ESHARE$	-0.838*** (-11.60)	-0.851*** (-11.80)	-0.854*** (-11.86)
ROA	-1.879*** (-8.13)	-1.891*** (-8.18)	-1.903*** (-8.24)
DE	3.605*** (42.06)	3.603*** (42.03)	3.606*** (42.07)
$Cons$	-2.636*** (-8.90)	-2.719*** (-9.21)	-2.632*** (-8.84)
N	15126	15126	15126

变量	(1)	(2)	(3)
	RPT	RPT	RPT
R^2	0.568	0.567	0.567
Prob>F	0.0000	0.0000	0.0000

注：** 表示在 0.05 水平（双侧）上显著相关，*** 表示在 0.01 水平（双侧）上显著相关；括号内为 t 值。

由表 7-11 可知，模型（1）、模型（2）、模型（3）的 R^2 分别为 0.568、0.567、0.567，可见模型的整体拟合度较好；P＝0.0000＜0.0001，说明模型的置信度达到了 99.99％以上，解释力度较强。

在回归模型（1）中，大股东掏空行为与独立董事声誉（兼任平均值）在 0.01 水平上呈显著负相关，系数为－0.061，表明企业中独立董事声誉的平均水平越高，越能抑制大股东掏空行为，支持了本部分的假设 1。在回归模型（2）中，大股东掏空行为与独立董事声誉（兼任最大值）的系数（－0.021）在 0.05 水平上显著为负，表明对于企业独立董事团队中声誉较高的群体，出于对其高声誉的维护而增强履职动机，严格把关公司财务报告、经营策略等，从而抑制了大股东掏空行为，与本部分假设 2 一致。在回归模型（3）中，大股东掏空行为与独立董事声誉（兼任最小值）在 0.01 水平上呈显著负相关，说明对于兼任数较低的独立董事群体，其声誉越好也越能抑制大股东掏空行为。此外，模型（3）的结果与模型（1）的结果相似，均在 0.01 水平上呈显著负相关，但兼任最小值的系数绝对值（0.083）大于兼任平均值对应的系数绝对值（0.061），这说明相较于平均水平，独立董事团队中兼任数越少的群体声誉越高，对大股东掏空行为的抑制程度越高，这可能是因为独立董事兼任席位较少时，其时间、精力会更加集中，也会更加细致严谨地审核企业关联交易等事项，则发现资产非法转移的可能性越大，从而更大程度地抑制了大股东掏空行为，验证了本部分的假设 3。

此外，模型中控制变量在 3 次回归分析中的系数与显著性均高度相似，企业规模系数显著为正，表明企业规模越大越可能被大股东掏空；独立董事占比系数显著为负，说明企业独立董事占比的提高能够提高监督有效性，从而抑制大股东掏空行为；高管持股占比系数显著为负，说明高管持股占比越低，大股东越可能进行掏空行为;资产净利润率系数显著为负,表明企业的盈利能力越差越可能促使大股东以权谋利;资产负债率系数显著为正,说明企业的负债率越高,大股东越可能进行掏空行为。

(四)稳健性检验

为了进一步提高上述实证结果的可信性,本部分采取更换被解释变量的方式,对模型进行稳健性检验。前文使用关联交易总金额来测量大股东掏空程度,本部分在参照以往学者(谭美玲,2019)的做法,将被解释变量替换成关联交易次数(FREQ),其他变量与上文相同的情况下进行回归分析,分析结果如表 7-12 所示。

表 7-12　独立董事兼任数与关联交易次数的回归分析结果

变量	(1) FREQ	(2) FREQ	(3) FREQ
AVG	−1.305*** (−3.63)		
MAX		−0.524*** (−2.85)	
MIN			−2.004*** (−3.03)
SIZE	16.325*** (55.41)	16.338*** (55.40)	16.3*** (55.34)
DRE	−41.166*** (−6.90)	−38.22*** (−6.45)	−40.886*** (−6.84)
ESHARE	−10.69*** (−6.70)	−10.921*** (−6.86)	−11.007*** (−6.92)
ROA	−21.61*** (−4.23)	−21.813*** (−4.27)	−22.103*** (−4.33)
DE	45.036*** (23.79)	44.997*** (23.76)	45.065*** (23.80)
Cons	−331.901*** (−50.72)	−333.602*** (−51.18)	−331.505*** (−50.43)
N	15126	15126	15126
R²	0.388	0.388	0.388
Prob>F	0.0000	0.0000	0.0000

注:*** 表示在 0.01 水平(双侧)上显著相关;括号内为 t 值。

由表 7-12 可知,替换被解释变量之后的 3 个模型的 R^2 均为 0.388,P = 0.0000 < 0.0001,说明模型的整体拟合度较好并且置信度达到了 99.99% 以上,解释力度较强。大股东掏空行为(关联交易次数)与独立董事声誉(兼任平均值、最大值、最小值)均在 0.01 水平上显著负相关,系数分别为 −1.305、−0.524、−2.004,在三者显著性水平相同的基础上比较其系数绝对值(0.524 < 1.305 < 2.004),可知对于独立董事不同兼任层次的群体而言,兼任值较小的独立董事群体声誉的提高对大股东掏空行为的抑制程度最强,与前文实证结论一致,同时控制变量的系数符号与显著性也与前文保持一致。综上,本部分的模型结果具有稳健性。

五、进一步实证分析

理论层面上,独立董事制度以制衡权利监督决策而被引入,承载着理论界与实务界赋予的缓解代理冲突、保护相关者利益、规范公司运作等厚望;然而现实环境中,独立董事制度正式实施的 20 多年时间内,因独立董事不"独"、独立董事不"懂",监督职能未能有效履行而饱受诟病。作为"掏空"的主体,大股东的持股比例与其掏空行为密切相关,独立董事制度需缓解的委托代理问题正是在"一股独大"的背景下产生的,独立董事职责是在控股股东存在的情况下保护中小股东利益的。因此,为保证独立董事声誉制度的有效性,探究大股东持股比例与独立董事履职的关系是重要且必要的。本部分的研究主题为"声誉制度对大股东掏空行为的影响",即在上述分析的基础上进一步探究声誉制度运行环境(选取大股东持股比例维度)对声誉制度发挥有效性的影响。

相当一部分学者指出,当独立董事制度的运行环境受内部人(大股东、控股股东或高管)控制时,独立董事难以发挥有效的监督作用(萧维嘉等,2009;吴先聪,2019)。公司的股权结构潜在地决定了其经营管理模式,大股东在选拔聘任环节极有可能任命有"交好型声誉"的独立董事;在履职过程中,独立董事作为外部非执行董事,其决策所依据的资源来自大股东等内部管理者,亦有被阻碍或控制的可能。本部分从此角度出发,认为大股东股权集中会削弱独立董事声誉制度发挥的有效性。在上文分析的基础上提出以下假设：

$H4$：限定其他条件的情况下，大股东高持股比例会削弱独立董事声誉（兼任平均值）对大股东掏空行为的抑制作用。

$H5$：限定其他条件的情况下，大股东高持股比例会削弱独立董事声誉（兼任最大值）对大股东掏空行为的抑制作用。

$H6$：限定其他条件的情况下，大股东高持股比例会削弱独立董事声誉（兼任最小值）对大股东掏空行为的抑制作用。

如上所述，得出的研究模型如图 7-5 所示。

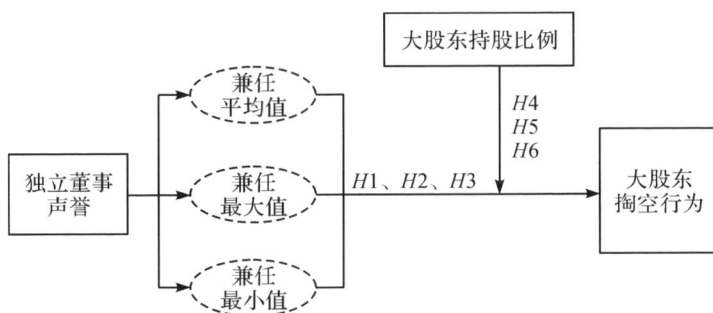

图 7-5　进一步研究的模型

依据上述假设与前文分析基础，加入 $TOP1$（第一大股东持股数与总股本比值，即大股东持股比例）作为调节变量，并一一对应构建如下 3 个模型：

$$RPT = \alpha_0 + \alpha_1 AVG + \delta_1 TOP1 + \delta_2 TOP1 \times AVG + \alpha_2 SIZE + \alpha_3 DRE +$$
$$\alpha_4 ESHARE + \alpha_5 ROA + \alpha_6 DE + \varepsilon_1 \tag{7-4}$$

$$RPT = \beta_0 + \beta_1 MAX + \delta_1 TOP1 + \delta_2 TOP1 \times MAX + \beta_2 SIZE + \beta_3 DRE +$$
$$\beta_4 ESHARE + \beta_5 ROA + \beta_6 DE + \varepsilon_2 \tag{7-5}$$

$$RPT = \gamma_0 + \gamma_1 MIN + \delta_1 TOP1 + \delta_2 TOP1 \times MIN + \gamma_2 SIZE + \gamma_3 DRE +$$
$$\gamma_4 ESHARE + \gamma_5 ROA + \gamma_6 DE + \varepsilon_3 \tag{7-6}$$

接着运用 Stata 16 对调节变量进行描述性统计分析，可知样本企业大股东持股比例的均值为 34.06%，超过 1/3 的持股比例，标准差为 0.1458，最小值为 8.57%，最大值为 74.30%，可见不同企业大股东持股比例差距较大，这给独立董事制度的实施营造了具有差异性的环境。将大股东持股比例变量加入模型中，由于该变量具有缺失值,总样本量由之前的 15126 减少至 15125,但无较大影响,再进一步对上述模型进行回归分析,结果如表 7-13 所示。

表 7-13　大股东持股比例调节效应分析表

变量	(1)	(2)	(3)
	RPT	RPT	RPT
AVG	0.067 (1.62)		
AVG×TOP1	−0.367*** (−3.38)		
MAX		0.022 (1.04)	
MAX×TOP1		−0.123** (−2.23)	
MIN			0.117 (1.52)
MIN×TOP1			−0.58*** (−2.81)

注:** 表示在 0.05 水平(双侧)上显著相关,*** 表示在 0.01 水平(双侧)上显著相关;括号内为 t 值。

表 7-13 中,$AVG×TOP1$、$MAX×TOP1$、$MIN×TOP1$ 分别表示大股东持股比例与独立董事兼任平均值、独立董事兼任最大值、独立董事兼任最小值的交互项。由表 7-14 可知,加入 $TOP1$ 调节变量后,3 个模型中大股东持股比例的系数分别在 0.01、0.05、0.01 的水平上显著为正,表明大股东持股比例越高,大股东掏空行为越严重。3 个交互项分别在 0.01、0.05、0.01 的统计学水平上显著为负,解释变量(AVG、MAX、MIN)的系数均由原来的显著负相关转为不显著的正相关,系数符号均已发生变化。由此可见,具有高持股比例的大股东掏空的动机和能力更强,对独立董事的监督起到了明显而强烈的阻碍作用,假设 4、5、6 得到验证支持。

表 7-14　大股东持股比例调节效应分析表(续表)

变量	(1)	(2)	(3)
	RPT	RPT	RPT
TOP1	0.766*** (3.39)	0.441** (2.29)	0.721*** (2.88)

变量	(1)	(2)	(3)
	RPT	RPT	RPT
SIZE	0.98 *** (72.97)	0.981 *** (72.96)	0.979 *** (72.98)
DRE	−0.835 *** (−3.09)	−0.699 *** (−2.61)	−0.818 *** (−3.02)
ESHARE	−0.837 *** (−11.58)	−0.85 *** (−11.77)	−0.854 *** (−11.85)
ROA	−1.898 *** (−8.10)	−1.91 *** (−8.15)	−1.919 *** (−8.20)
DE	3.609 *** (42.10)	3.605 *** (42.05)	3.607 *** (42.07)
Cons	−2.845 *** (−9.40)	−2.831 *** (−9.45)	−2.843 *** (−9.25)
N	15125	15125	15125
R²	0.568	0.568	0.568
Prob＞F	0.0000	0.0000	0.0000

注：*** 表示在 0.01 水平（双侧）上显著相关；** 表示在 0.05 水平（双侧）上显著相关；括号内为 t 值。

六、研究结论与展望

(一)结论与建议

在我国股权集中的历史背景下,独立董事制度因可缓解大股东掏空等委托代理问题而被引入,但 20 多年的本土实践历程显示其仍存在独立董事监督失灵等问题,近几年国家再次修订相关政策,提高了人们对独立董事制度的关注度与期待值。在此情形下,研究独立董事制度在管理情境中的作用实况,对完善公司治理机制尤为必要。本部分选取 A 股上市公司 2015—2019 年的样本数据,基于独立董事声誉视角,探究独立董事声誉制度对大股东掏空行为的影响,主要形成以下结论:独立董事声誉制度可以显著抑制大股东掏空行为;高声誉的独立董事在忙碌状态下对大股东掏空行为产生的抑制作用有所削弱；大股东股权过于集中将阻碍独立董事声誉制度的有效发挥，甚至导致治理失效。基于上述结论，本部分针对性提出以下建议：

1.完善独立董事聘任制度

目前我国独立董事大多由大股东等内部控制人提名和任命，这也是独立董事"不独"的根源所在，因此要从根源入手改进和完善独立董事的聘任制度。增强中小股东的话语权以改变大股东"只手遮天"控制选聘过程的局面，通过设计累积投票机制或由相关部门硬核赋予中小股东合理的聘任独立董事权利，更加符合独立董事制度的引入初衷——保护中小股东利益。独立董事的提名和任命可由证监会统一管理。目前证监会虽然会对独立董事的信息进行审查公示，但是资源获取不全面，不能充分监管到具有隐瞒关联性的灰色独立董事等。证监会可逐步筹划构建全国范围内的独立董事人才库，全面收录独立董事人才相关信息，并且可通过契约制进行约束。证监会可根据上市公司的业务范畴、经营管理需求、是否具有关联性等为其匹配独立董事人员，再由企业在可选范围内选取。独立董事可行业交叉、地域交叉，证监会要严格把控独立董事的独立性与专业性。

2.建立独立董事声誉评价体系

独立董事声誉制度具有有效性，但是相应的声誉评价体系并不完善，不能很好地激励与约束独立董事。激励层面上，相关部门可以建立独立董事绩效考核机制或年度述职综评机制等，并定期公开独立董事绩效评价结果，有利于帮助独立董事传递积极履职信号，激励声誉动机强烈的独立董事提高工作效能，也可对履职优秀的独立董事给予薪酬提升、兼任席位增加等奖励。此外，充分考虑独立董事可能受困于信息劣势及重大事项的签字压力，保障其信息获取渠道的通畅及建立保险机制缓解其监督的"后顾之忧"。约束层面上，监管部门与企业要明确独立董事的责任义务，比如规定每年出席董事会的次数、进行信息披露与绩效考核等，对于敷衍履职、发生违法违规的独立董事，给予违规罚款、撤销任职等不同程度的惩罚。

3.优化公司股东股权结构

公司大股东的股权过于集中，会对源头选聘、过程履职产生阻碍，导致独立董事的监督失效。相关部门可对股权集中度超过一定界限的公司的独立董事制度运行的一些关键环节给予限制,减少大股东对独立董事监督的干扰。企业也可引入第二大、第三大股东用以制衡第一大股东,将大股东与中小股东之间的利益冲突转为大股东群体之间的利益制衡,进而释放出独立董事履职空间与意见话语权。

(二)不足与展望

本部分的研究仍存在一定的不足与局限,主要体现在变量分类与研究分析上,这些不足与局限也正是未来研究可改进的方向。

(1)变量分类上:本部分对大股东掏空采用的衡量指标是关联交易总金额,在稳健性检验中的替换因变量为关联交易次数,对关联交易这种掏空手段的频次与总和均进行了研究。但是大股东掏空还存在担保等其他手段,待相关数据更加完善且可获得之后,可进一步探究独立董事声誉制度对大股东掏空手段的监督效应。此外,本部分通过对独立董事兼任数量的相关数值进行统计以测度独立董事声誉,但独立董事声誉还存在学历、就任背景等其他影响因素,之后可进一步多维度、高精度地研究独立董事声誉的关键影响要素。

(2)研究分析上:本部分使用全样本数据,基于因果直接导向,而未细分样本类型与作用过程。在之后的研究中,可进一步划分企业类型,如国有企业与非国有企业,研究不同类型企业独立董事声誉制度的有效性;也可进一步细分机制运行过程,如分析事前、事中、事后独立董事对大股东掏空行为的监督实效,进一步探清有关独立董事声誉制度监督决策的"黑箱",为完善上市公司治理制度提供借鉴。

第八章 结论与展望

第一节 结论与管理启示

一、研究结论

(一)独立董事选聘制度影响大股东掏空行为

我国引入独立董事制度的初衷是改善上市公司"一股独大"的治理结构,进而抑制控股股东和大股东对上市公司的支配操纵行为,从而保护中小股东的利益。因此我国在独立董事制度设计和实践中特别强调独立董事的"外部性"特征,更是视独立董事的"外部性"特征为该制度的生命。

首先,独立董事的任期制度会影响大股东掏空行为,任期过长会加剧大股东的掏空行为。在我国的独立董事制度中明确规定了独立董事最多连任 2 届,但是在这 20 多年的实践中这一规定屡屡被质疑。独立董事的职责包括但不限于监督管理层、维护中小股东权益、防止内部人控制等,但是在其履责过程中经常受上市公司主要股东和实际控制人或者其他与上市公司存在利害关系的单位或个人的影响。特别是刚入职的独立董事,作为新任的中小股东代理人,为了取得一定的认可,会积极履行自己应尽的职责,对大股东及管理层的行为进行有效监督,此时独立董事的"独立性"处于较高水平。然而,随着独立董事任期的增长,独立董事与大股东和管理层的接触加深,独立董事可能与大股东和管理层建立了利害关系,比如大股东和管理层可能会为了自身利益而向独立董事表达"友好"情绪,企图通过与独立董事的密切关系来提高和扩大自身的知名度与影响力。长此以往,独立董事与大股东之间形成了制衡与默契,独立董事对大股东"友好"行为的容忍度逐渐提高,在一定程度上出现合谋行为,使得独立董事的独立性下降,同时助长大股东的掏空行为。另外,独立董事在上市公司的任期越长,为与公司股东和管理层等之间形成及培养社会关系提供了可能,这会进一步降低独立董事的"独立性",使得大股东能够更加便利地掌握并预测独立董事行为,为大股东的进一步掏空提供可能,而独立董事履行监督义务的意愿会逐渐变弱。

其次,独立董事的兼任制度会影响大股东掏空行为,兼职数量过多也会加剧大股东的掏空行为。为了确保独立董事有足够的时间和精力有效地履行职责,独立董事制度规定原则上其最多在 5 家上市公司兼任独立董事职位。一方面,因为独立董事自身的时间和精力有限,若同时兼任数家上市公司独立董事的职位,意味着其平均分配到每家上市公司的时间和精力就越少,即没有足够的时间和精力参与董事会会议并了解企业经营及治理现状,可能导致独立董事工作质量下降,不能更好地履责,从而加剧了公司治理问题。例如,稀释了董事会成员的能力、加大了多元化经营的折价概率、降低了收购的质量及大股东很容易进行财务造假。独立董事时间、精力的减少和工作质量的下降,使得他们无法很好地对大股东掏空行为做出预判,监督职能的发挥受到负面影响。另一方面,因为独立董事兼任数量越多,各上市公司独立董事之间的来往可能会越加密切,从而形成较为紧密的纽带关系,即所谓的独立董事网络,由此会产生较为明显的牟利行为,导致大股东掏空行为一旦被其中某个独立董事所默认,就更可能逃脱惩罚,使大股东掏空行为更加肆无忌惮。因此随着独立董事兼任数量的增多,大股东掏空行为也增多。

最后,由于独立董事一般是由上市公司的董事会、监事会和单独或者合并持有上市公司已发行 1% 以上股份的股东推荐的,虽然最终由提名董事会提名(根据证监会于 2001 年 6 月发布的《指导意见》),但是这种独立董事提名制度会影响大股东的掏空行为。在大股东提名的情境下,对于作为经济人的独立董事来说,其对经济利益的追求在一定程度上会损害其应有的独立性,同时会使上市公司陷入一定的风险之中。但是当独立董事意识到大股东掏空行为使其陷入困境后可能造成的损失比与大股东产生冲突而导致的损失更大时,独立董事在理性选择之后会提高其监督力度,对大股东的掏空行为产生强烈的抵触和防护心理,从而抑制大股东掏空行为的产生。

对大股东来说,上市公司提名的独立董事的来源范围有限,主要为熟人引荐。当独立董事由大股东提名时,大股东不得不考虑独立董事可能因其掏空行为而受到的连带惩罚,由于负疚感的增叠,使得他们的掏空行为有所收敛。因此,大股东提名独立董事能够减少大股东的掏空行为。

综上所述,独立董事的选聘制度从任期、兼职数量及大股东提名等方面会对大股东掏空行为产生不同的影响。

(二)独立董事监督行为具有重要作用

独立董事的基本作用是审查上市公司的重大决策、政策和计划等,目的是保护中小股东和公司整体的利益。由于我国特殊的资本市场环境,有一半的上市公司为国有控股企业,这使得我国上市公司的代理问题日益突出,引入独立董事制度可以防止不公平的董事会提案的通过,以及对董事会的决策进行监督,因此独立董事制度在公司治理中发挥着关键作用。

首先,独立董事的监督行为能够影响大股东掏空行为,独立董事的监督行为越多,大股东掏空行为发生的可能性越低。一方面,独立董事在履责过程中可以及时发现公司出现的问题,并对公司出现的违规行为进行警告。同时独立董事可以通过其模范带头作用,改变公司现有监督中的某些"默许"行为,并且警示有违规行为的管理层和大股东,进一步加大对董事会决策的监督力度,尽可能阻止公司治理失败情形。另一方面,独立董事的监督行为能够避免大股东掏空行为的产生。比如,独立董事监督行为的增加有利于识别潜在风险,对于公司尚未出现但已有苗头的违规行为及时进行阻止和扼杀,以及可以促进财务信息披露质量的提升,使得大股东在知晓更多公司内幕信息的情况下试图取得不当收益的概率降低。

其次,独立董事的选聘制度会影响其监督行为进而影响大股东掏空行为。任期制度方面,当独立董事的任期延长,逐渐与大股东建立了更加密切的人际关系,尤其是独立董事任职的延续需要得到大股东的首肯,使得独立董事的独立性降低,甚至独立董事成为公司的"内部人",从而进一步降低了其监督效果。此外,随着独立董事任期延长,大股东获得的信息量远大于独立董事,大股东能够更迅速地应对独立董事监督行为而做出掏空上的调整,因此独立董事任期越长,独立董事监督行为的效果越弱,大股东掏空力度越大。兼任数量方面,从时间分配角度来说,兼任数越多意味着独立董事越没有时间就每家企业特有的大股东掏空情况给予差异化的监督,即他们的监督效率降低,由此会使得大股东对其监督的忌惮心理消退。相比一对一匹配的情况,多重兼任的情况下大股东更倾向于小觑独立董事的监督能力,则会有更加猖獗的掏空行为。因此独立董事的监督行为会受到其兼任数量的影响,独立董事兼任的上市公司数量越多,独立董事的监督行为越会受到约束,即独立董事的监督动力会下降。大股东提名方面,在这一提名方式下所产生的独立董事多数并不独立于公司的控股股东。该项制度会使独立董事对任命他们的股东或管理层富有感激之情,进而损害独立董事精神上的独立性,导致独立董事自发降低监督意愿。大股东感受到自己对独立董事的把控力后,有更大的概率采取较高水平的掏空力度。这使得独立董事监督成功的可能性更低,监督效率更差。

最后,独立董事的性别特征会影响其监督行为,进而影响大股东的掏空行为。独立董事性别会影响其监督力度选择,女性独立董事相较男性独立董事更倾向于给出较低水平的监督力度,导致更加严重的大股东掏空行为。从生理特征和心理偏好角度出发,在工作选择等重大决策中,女性相对于男性来说更谨慎和保守,更不容易准确地把握决策的不确定性,同时还更容易高估自己的认识准确性,有着显著更高的自我评价。正是因为这种特点,女性独立董事和女性董事长的作用体现在事后对风险更严重的厌恶程度,因而更擅长事后监督;而女性执行董事的作用体现在事前预期情绪所引致的风险感知能力上,因而其监督优势体现在事前监督上。简而言之,女性独立董事在监督大股东掏空行为时,其监督效力的发挥受到风险偏好的影响。一方面,女性独立董事更容易做出保守的决策,因为男性独立董事更善于捕捉变化趋势,再进行风险评估和回避,因此相较于女性独立董事,男性独立董事对大股东掏空行为的监督效率可能更高。另一方面,当独立董事采取高水平监督力度却仍监督失败时,会影响其履职积极性,女性独立董事更容易对失败的风险产生厌恶心理,进而影响后续的决策效力,从而影响其对大股东掏空行为的监管效率。

综上所述,独立董事监督行为能够抑制大股东掏空行为,而独立董事的选聘制度、性别特征都能够通过影响独立董事监督行为进而影响大股东掏空行为。

(三)独立董事声誉制度抑制大股东掏空行为

独立董事的履职是其实现自我价值的重要途径,而独立董事声誉在一定程度上反映了社会对其形象的评价,因而追求自我价值的动机会驱使其倍加珍惜声誉。为避免自我价值下降,独立董事会努力提高工作强度,提升公司业绩并维护中小股东的利益,避免大股东掏空行为的产生。

首先,声誉是对独立董事的有效激励,声誉较高的独立董事往往在董事会会议中付出更多努力,更能胜任其职责。声誉对于独立董事来说是一笔宝贵的资产,其不仅向市场发出关于他们的能力、专业知识和诚信的积极信号,而且还有助于他们获得各种资源。在我国,主要有3种激励机制诱导独立董事进行监督和提出建议,分别是薪酬机制、声誉制度和法律制度。在薪酬机制方面,不同的公司对不同的独立董事给予相同的薪酬,这意味着独立董事没有动力(为获得更高的报酬)去履行其预期的职责。此外,法律制度很少被用来约束独立董事。因此这两种机制并不是促进中国独立董事职能有效发挥的动机。直到现在,中国的独立董事大多是学术界人士,这些学者通常具有良好的个人道德标准,并将这些标准灌输给他们所服务的公司。在中国,儒家文化极大地影响了人们的心态,在这种观念中,声誉和道德对于一个人,尤其是对于在学术领域工作的名人而言至关重要。因此,这些独立董事比其他董事更注重自己的声誉。此外,由于声誉意义重大,它直接影响人们所感知的独立董事的价值,也会影响独立董事获得未来董事职位的可能性。特别是,由于我国独立董事劳动力市场相对不发达,声誉是评估和选择独立董事的重要方法,对独立董事本身来说,声誉也是一笔宝贵的财富,独立董事有动机维持和提高其作为有效监督者和顾问的声誉。

其次,声誉制度也能够对独立董事产生一定的约束力,它通过增加独立董事遭受惩罚的心理成本来迫使独立董事尽职尽责。国家治理机制、公司治理法则等及行为综合体通过信息披露的方式,使独立董事需为其怠慢行为付出高昂的声誉代价及承受声誉受损可能带来的被指控和解雇,进而倒逼其重新评估积极和怠慢履职的价值差,并对出现的大股东掏空行为及时加以制止。如果企业遭受诉讼危机、财务困境、财务重述等困局时,独立董事由于未及时履行好监督和调查职责,使得公司状况进一步恶化,投资人遭受损失,那么独立董事声誉会持续受损,由此产生的负面连锁效应使得独立董事获得连任的概率大幅降低,此时独立董事声誉激励的约束机制会起到主导作用,促使其更好地履行独立董事应有的职责。同时,大股东对独立董事信念选择的预期也会改变,当大股东预期独立董事更多地选择较高水平的监督力度时则会倾向于选择较低水平的掏空力度,因此,声誉制度能在一定程度上制约大股东的舞弊行为,达到减少掏空行为的目的。

最后,独立董事声誉是利益相关方与独立董事相互作用的结果。当独立董事就职的企业出现了违反商业伦理的不端行为,不仅使独立董事的"监督者"角色遭到弱化,还会使其"决策专家"的声誉连带受损,为了避免声名扫地而可能带来的一系列负面影响,独立董事会保持独立性,不与大股东合谋。在独立董事与利益相关方相互作用的过程中,独立董事凭借认知能力和行为模式产生易被外界感知的名望、荣誉等外在形象,利益相关者则通过对独立董事形象的感知和评价来决定其信任度,而独立董事的外在信任度又可以进一步转化成信号,在执业市场上传播进而影响其人力资本价值。因此,为了提升声誉对总体收益的贡献度,独立董事会恪尽职守,积极参与公司治理,抑制大股东的掏空行为。

综上所述,独立董事声誉制度能够通过有效激励、产生约束力及与利益相关方相互作用的方式抑制大股东的掏空行为。

二、管理启示

(一)公司治理中引入独立董事制度的必要性

独立董事制度起源于美国,虽然以安然公司为首的一批国际著名公司财务造假事件使得独立董事制度面临质疑的局面,但是世界各国还是纷纷引进、移植和效仿美国的独立董事制度,从中可以看出,独立董事制度具有强大的生命力和价值。虽然我国曾有学者反对引入独立董事制度,认为我国的制度环境和市场环境不符合独立董事制度存在模式的要求,不应采用一种僵硬的拿来主义,但是任何制度都不应该因其存在一定的缺陷而被否定。由此基于我国公司制的立法和实践,本书从以下几方面来阐述我国上市公司引入独立董事制度的必要性。

首先,引入独立董事制度是出于解决董事会决策失灵的需要。董事会是公司经营决策、业务执行并对外代表公司的法定必备常设机关,是上市公司治理结构的核心一环,对上市公司的生存与发展具有决定性作用。目前我国上市公司董事会都一定程度存在结构不合理、决策水平和管理水平不高、内部监督不足等问题。这些问题导致的直接后果就是董事会失灵。针对董事会失灵,国际上普遍的做法是,在上市公司中引入足够多的、有能力的独立董事。因为独立董事不仅仅是独立的监督者,大部分还是经济、法律、金融等方面的专业人才,或是有一定社会影响力的人士,他们有丰富的知识和工作经验,整体素质较高,能在公司的战略、绩效、资源分配等重大问题上做出独立判断,提出专业的意见和建议,使董事会的决策更加科学。

其次,维护公司利益和全体股东利益的需要。在我国目前市场机制尚不完善、竞争不充分、信息披露不完全的情况下,大股东在追求利益最大化的同时,往往会通过损害中小股东利益的办法来增加自身的获利。对董事会缺乏监督及对管理层缺乏控制的治理结构已严重影响了我国上市公司的持续健康发展,设立独立董事有助于改变这一现象。此外,我国上市公司中"一股独大"及控股股东导致的大股东操纵和内部人控制现象突出。为了解决这个问题,国际上普遍的做法是要求上市公司大幅度增加独立董事。因为独立董事具有独立的财产、人格,执行独立的工作运作程序,在公司没有足以影响其公正判断的"重要关系"时,其能从整个公司和全体股东的利益出发,对公司经营者实施公正而有效的监督。同时,独立董事的引入,不仅在数量上改变了以往外部董事在董事会中的劣势,还由于独立董事的相对独立及被赋予特别职权,从而在董事会内部形成了可以制约内部董事的力量。独立董事制度强化了董事会内部的制衡机制,有效减少了大股东操纵和内部人控制带来的问题。

最后,弥补监事会缺陷的需要。按《公司法》的规定,监事有权列席董事会会议,但是不拥有董事会决议事项的表决权。可见,我国监事是在没有表决权的情况下进行的事后监督,并且监事会在董事会决策的过程中缺乏有效的手段,因此对决策的"监"与"不监"无多大区别,更别说提出有针对性的意见了。相比之下,独立董事是董事会的成员,他们拥有对董事会决议事项的表决权。独立董事通过参加董事会会议,在董事会的决议过程中,能对公司决策的过程形成有效的监督。这种监督表现为事前监督和事中监督,或者表现为过程监督。一旦发现问题,独立董事利用董事应有的权力,去有效阻止违法行为的发生或者将公司有关的信息及时披露,能有效地保护中小股东的利益。

总的来说,本书认为,为改善我国上市公司的治理结构、提高我国上市公司的治理水平、提升我国上市公司的质量,借鉴并引入在当今世界很多国家非常流行且行之有效的独立董事制度是一个很好的探索和实践。

(二)完善的独立董事任职资格机制至关重要

明确规定独立董事任职资格的目的是保证独立董事的独立性。我国相关法律规定,在公司或者附属企业任职的人员及其直系亲属等不能担任独立董事。这类规定主要是为了保证独立董事的独立性,使其独立于公司,独立于股东,独立于管理者,从而真正为中小股东利益服务。此外,我国上市公司的独立董事有专家化的倾向,很多是公司业务发展需要的某一领域的专家或顾问,通常有经济财务专家、法律专家和公司业务相关行业的专家等,这主要是考虑到独立董事的参与决策能力和监督能力。由此可见,独立董事任职资格机制的完善要考虑到独立董事的独立性和能动性两方面。

首先,要建立健全独立董事人才市场,保证独立董事的独立性。确定独立董事任职资格和独立董事与上市公司双向选择的机制,可以避免独立董事与公司、大股东和管理者之间产性关联,从而保证独立董事的独立性,并通过市场的力量进行保障和约束。有效的市场机制还可以发现独立董事是否在同行业的其他公司任职,或者在竞争对手的公司任重要职务,可以防止由于独立董事的特殊身份而泄露商业机密,形成无序竞争。建立人才市场:一方面,可以加强针对独立董事的人才培训工作,同时建立上市公司与合格独立董事之间的信息桥梁,扩大独立董事的来源;另一方面,可以形成完善的人才信息系统,通过该系统,上市公司和广大股东可以查阅独立董事的相关信息,同时也对独立董事形成声誉激励和约束作用,从而提高我国上市公司独立董事的能力和水平。

其次,注重独立董事知识结构,保证独立董事的能动性。独立董事不但要监督管理者行为,而且要利用专业知识,参与公司经营决策,因此,对公司独立董事知识结构提出要求十分重要。不仅要求独立董事是公司从事行业的权威,更要是经济财务和法律类的人才,只有独立董事团体具有综合性才能,才能做出正确的商业判断。因此,公司聘请独立董事时,应该要考虑到这个团体内部知识的互补性,不能因为缺乏专业知识,而产生信息不对称的情况;同时,也不能偏颇,只聘请行业内部人士。社会独立董事人才市场也应该对独立董事进行专业培训,不断提高其任职能力,使其能给公司提供更多有价值和建设性的意见。

最后,独立董事同时任职公司数目的限制和任职期限的科学设定。目前独立董事基本都是兼职,所以常会出现独立董事没有足够的时间和精力担任这份工作的情况,从而无法保证独立董事能履行好自身的职能。这要求聘请独立董事的上市公司考虑到独立董事的年龄和兼职公司数,保证独立董事有足够的时间和精力为公司服务,同时避免独立董事因在同一行业的其他公司任职而造成信息泄露。一般情况下,独立董事同时任职的上市公司数目不应该超过两家。独立董事的任职期限也应该有规定,如果在董事会任职时间太短,独立董事刚了解该公司情况就要离职,会造成职能浪费。但是如果长期任职于同一家上市公司,可能会与管理者建立较密切的关系,影响监督活动。所以,上市公司需要到一定时期就替换独立董事人选,保证独立董事独立性的持续。

(三)独立性要求内外部监管机构的有效监督

我国期望通过推行独立董事制度来完善公司治理结构,但在目前的环境下,只有通过完善监事会的职能,使独立董事和监事会相互补充,才能更好地构建公司有效监督机制。独立董事制度和监事会相互补充,构成了董事会的内部与外部监督相结合的机制。要想使这种具有中国特色的治理机制促进我国公司内部监督体系的完善,还需要做好以下几个方面的工作。

首先,准确定位独立董事与监事会监督职能的不同性质。监事会是《公司法》规定的公司常设机构,是专职的监督机构,其职权不仅包括检查公司财务、监督并纠正董事和经理行为、列席董事会会议及召开临时股东大会的提议权,还包括罢免董事及高管人员的建议权、股东大会会议提案权、对董事及高管人员的诉权,并且人员监督的范围由董事和经理扩展到了独立董事和高管人员。独立董事监督具有"事前监督、内部监督与决策过程监督紧密结合"的特点,而监事会的监督则表现为"日常监督、事后监督、外部监督"的特点。在监督过程中,独立董事和监事会要根据自身职能性质的不同相互补充,有效地实施监督。

其次,明确独立董事和监事会监督职权的不同范围。对独立董事而言,它是董事会的内部监控者,应以在董事会决策过程中的"独立"判断对董事会所有重大决策的公正性和科学性进行监督为主,尤其是对于重大关联交易。对监事会而言,它是处于董事会外的且与董事会并行的监督机构,它的监督对象是整个公司的运行,包括对独立董事的监督,但监事会不参与公司管理层的决策。监事会的监督职责应放在检查公司财务、监督董事会运作、监督董事和经理经济行为合法性等方面。

最后,解决好独立董事和监事会间的冲突。独立董事和监事会同时负有监管职能,客观上容易形成多头监管、分工不清问题,这样不但会造成资源的浪费,还会造成相互推诿等问题。这些问题如果解决不好,很可能将仅存的一些监督绩效降为零。本书认为,可以通过设立仲裁机构就独立董事和监事会间的冲突进行调查、协调和裁决。仲裁机构不作为一个常设机构,只有当独立董事和监事会发生冲突时,才依照某种程序产生。当然,在仲裁人的选择问题上,股东大会要慎重考虑,仲裁人必须站在公正、公平、合法、合理的立场上解决冲突问题。此外,增强独立董事和监事会的独立性,也是确保两者有机结合、协调工作的一个必要条件,因此应在独立董事和监事会的产生方式、利益安排和知情权等方面保证其享有独立性。

独立董事因为身份特殊而有可能更好地履行监督职能,但独立董事的作用主要限于对董事会的内部控制。独立董事制度属于董事会的内部控制机制,监事会则是董事会之外且与董事会并行的专门的公司监督机构。监事会与独立董事同样起着监督作用,看似机构重叠,实则并不冲突。监事会与独立董事的主要区别之一即监事会不参与董事会的决策,独立董事却恰恰是通过在执行层次上参与董事会的决策来保护中小股东利益、提高决策质量、制衡经理人员等。因此在我国目前公司治理结构中,独立董事制度和监事制度都应该得到加强,独立董事制度应通过立法来明确,同时在现有法律规定的基础上进一步加强监事的权力,从而加强监事制度。

(四)构建和完善独立董事声誉制度势在必行

独立董事的声誉是利益相关方与独立董事之间互动的结果,在互动过程中,独立董事凭借自身的认知与行为模式生成易被外界感知的荣誉、名望等外在形象,利益相关者通过对独立董事形象系统(Image System)的感知与评价来决定其信任度,独立董事的外在信任度又可转换成信号并在执业市场上进行传播进而影响其人力资本价值。为了提升声誉对总体收益的贡献度,独立董事将恪尽职守,这表示声誉激励中的激励机制发挥了作用;任职企业若是出现违反商业伦理的不端行为,则会使独立董事作为"监督者"的角色表征被弱化,还会使其作为"决策专家"的声誉随之受损(周泽将等,2015),为了避免声名扫地给自身带来的一系列负面影响,独立董事将保持独立性,不与大股东合谋,这表示声誉激励中的约束机制发挥了作用。综上,可见声誉激励有助于增强独立董事的合规工作动机。

首先,独立董事声誉激励对资本市场有积极影响。为了维护自身声誉,独立董事将会积极履职,努力降低公司经理与股东之间的信息不对称程度,如确保年报发布内容的客观性,防止公司将可能有损于股价的负面信息掩盖,从而侵害股民利益。声誉良好的独立董事出席董事会,可向市场传递积极信号,使股票价格真正成为公司运营水平的晴雨表,所以有经验的公司会任命声誉良好的独立董事,以吸引对其生存至关重要的利益相关者。对于缺乏声誉的新创公司而言,更有可能从有声誉的独立董事那里"租用"声誉,以显示它们的财务属性和质量,并提高它们在市场上的价值。作为一种信号机制,有声誉的独立董事有利于公司获得重要资源,帮助公司获取合法性,因此公司倾向于任命声誉良好的独立董事来影响投资者的认知。

其次,独立董事声誉激励对公司治理各方面产生影响。一是公司股价。早在1995 年,Dechow 等学者就已指出,对独立董事实施声誉激励有助于减少企业的盈余管理和财务造假现象,高水平声誉激励影响下的独立董事有助于减少外部股东对公司未来发展不确定性的担忧,有效防止公司股价暴跌。二是公司声誉。作为声誉激励重要表征的独立董事兼职数能够显著影响初创企业对独立董事的聘任意愿,因为任职于多家企业的独立董事凭借其良好的专业背景、社会资源及声誉信号,可以帮助初创企业快速提升知名度和影响力,进而生成企业声誉。三是公司治理效率。独立的提名委员会将倾向于引进声誉优良的独立董事来减少公司的内部人控制现象,进而提升公司治理水平;但是若提名委员会处于企业 CEO 控制之下,则对独立董事进行声誉激励也难以帮助公司提高治理效率,这种局面会导致独立董事未来取得的任职机会减少。

最后,独立董事声誉激励对独立董事自身产生的影响。一方面,独立董事声誉激励影响其任职机会。在声誉激励的作用下,当独立董事基于股东立场发表与管理层不一致的意见时,市场会对其履职态度大加赞赏,此时独立董事的自身地位不会动摇,在未来其还有可能赢得更多的任职机会;但与企业 CEO 发表不一致意见却易使独立董事受到董事会排挤,甚至会长期影响其声誉和任职机会,原因可能是许多"一股独大"的公司更愿意聘请监督宽松的独立董事进入董事会,以便管理层进行内部操纵。另一方面,独立董事声誉激励影响其决策优劣度。在声誉激励影响之下,担任了多家企业独立董事的企业高管能够在董事会中做出更优决策。声誉激励可激发独立董事的执业能力,担任了独立董事的高管更有可能因激励在将来成为 CEO,这验证了独立董事市场对优秀人才的识别度。

第二节　研究展望

本书研究虽然取得了一些重要的研究结论,但仍存在一定的缺陷,这也是未来进一步研究的主要方向。

首先,本书对于独立董事激励机制的研究只限于对声誉激励和薪酬激励进行简单的探讨。目前关于独立董事声誉制度的研究已经非常丰富了(李延喜等,2010;郑莉莉等,2017),则未来的研究可以从下面 5 方面展开:第一,关于独立董事声誉制度的影响因素的研究。独立董事的声誉激励作为物质激励的互补品,其作用的发挥受到独立董事个人、独立董事所在团队及组织等多层面要素的影响,目前较多研究单独从宏观或微观视角关注了组织或独立董事自身因素的作用,比如有学者已经研究了独立董事的性别、任职数量和学科背景等(岳殿民等,2020),而忽视了独立董事所处的董事会团队的影响,由于独立董事是构成上市公司治理结构的必备要素之一,其声誉制度肯定会受到其组成团队的影响,但是目前关于独立董事团队因素的相关研究较少。因此,未来可以结合个体、团队及组织等多方面综合研究独立董事声誉激励作用的影响因素,也可基于多层面因素的交互视角探寻不同水平的影响因素对声誉激励作用的影响,进而形成对独立董事声誉激励的系统认识。第二,目前关于独立董事声誉激励的影响效应研究非常丰富,但是没有出现学术界和社会统一认可的独立董事声誉理论激励模型,也没有打开独立董事声誉激励机制如何作用的黑箱。虽然 Brochet et al. (2014)、Yoshikawa et al. (2014)引入声誉损失感知这一中介因素来研究独立董事声誉机制模型,但除此因素外,声誉激励还可能通过其他态度、行为变量间接地影响结果变量,也可能存在环境、个体等因素调节声誉激励与结果变量间的关系。因此未来有必要通过更多有效的研究进一步完善理论框架。第三,现有关于独立董事声誉激励影响效应的研究主要基于内部取向,在外部视角方面,只关注了独立董事声誉激励对资本市场的影响(马如静等,2011;胡晨,2018),却忽视了声誉激励对其他外部利益相关者的影响,未来的研究可以从外部协同视角出发,将社区供应商、客户、政府、媒体等外部利益相关者所关注的结果指标纳入理论模型中,探寻在多种外部因素影响下的声誉激励影响效应及可能的演化路径(李焰等,2011)。第四,目前的研究缺少对声誉激励效果在不同类型上市企业间的比较研究,我国的上市公司从产权性质上可以分为国有和民营上市公司(包括家族企业),也可以按不同的行业类型进行划分,即可以研究独立董事在相同薪酬水平下,是对国有还是民营上市公司拥有更强的任职意愿? 今后可以通过分别给予国有和民营上市公司的独立董事近似同等强度的声誉刺激,研究所产生的激励效果有无显著性差异? 如果激励效果存在差异,其原因可能有哪些? 这些中国情境下的问题探寻将带来深刻的理论和现实价值。第五,关于独立董事声誉激励的跨文化研究。由于独立董事声誉激励实践源自西方,在西方文化情境下开展的独立董事声誉激励研究,其结论也许并不适用于中国,因此未来一方面应推进独立董事声誉激励在其他文化背景下的研究,检验其影响因素及作用机理是否具有明显差异。另一方面应就独立董事声誉激励研究成果在中国本土的适用度进行研究,并探索适合我国情境的声誉激励模式,以丰富相关理论与实践成果。

其次,目前关于薪酬激励的影响、实施策略、数额确定和发放主体的研究较为丰富,但是随着我国证券市场建设的逐渐成熟和全面,股权激励也将是独立董事激励的一种重要方式。虽然目前由于股权激励的具体实施受到限制,造成没有学者能详细考虑股权激励情况,但是在今后的研究中可以进一步探讨独立董事股权激励模型,同时控制权作为我国经理人市场的重要激励方式之一,也可以引入独立董事的激励模型中。

再次,虽然本书没有重点探讨关于影响独立董事独立性的因素,但是关于独立董事独立性缺失问题的研究已经非常丰富,主要集中在内外环境这两大方面:内部环境研究主要集中在独立董事的任职机制、免职机制、公司决策及独立董事比例等方面,外部环境研究主要集中在国家文化、政策和法律等方面。但是在内部环境中关于独立董事个人特征、团队特征对独立董事独立性的影响的研究还不够丰富,比如独立董事的职能背景、留学经历、任职经历及关系网络等。在外部环境研究中,有学者提出可以引入"第三方机构"来监督独立董事的履职过程。第一,是因为我国独立董事在履职过程中,对企业业务、经营状况的了解情况有限,需要一个外在机构来促使双方进行信息交流。同时有的独立董事在多家公司任职,分配给每家公司的时间极为有限,根本不能保障其尽到勤勉义务。如果有第三方机构存在,那么就可以对独立董事的履职情况进行考察评价,再进行业绩考核,对独立董事在公司任职过程中做的一些工作有所了解,当他们不能尽到勤勉义务时,就可以对其发出相关指示,让其加大工作力度或者辞去部分公司的独立董事职位等。这样可以更好地保障上市公司的利益,也可以更好地维护上市公司的相关利益。第二,是因为独立董事在法律责任方面的义务也需要专门机构来帮助认证和鉴别。目前独立董事被法律追究责任往往是以结果论的,比如2015年华锐风电的独立董事因虚假信息被披露而被行政处罚,但是问题是这个事件是董事长直接策划的,独立董事在其中毫无作用。那么独立董事担此行政责任明显不合理。显然独立董事的责任不能只以结果论,要公平合理地处理这类事件就需要专业人士或者由拥有多年独立董事工作经验的独立董事们组成专门的机构来认证和鉴别。如此才能真正确定独立董事在这种特殊的监督角色下,当公司出现违规事件时真正应该承担的责任范围。在此背景下,我国需要一个专门管理独立董事的具有自治性质的机构,但是目前关于这个机构如何履责没有系统的研究,在未来研究中可以深入探讨。

最后,未来研究可以从完善相关法律、夯实制度基础出发,进一步完善《公司法》《指导意见》等一些法律文件中关于独立董事的相关规定,并邀请各方专家、有经验的公司高管等共同讨论,制定系统而全面的法律,如《独立董事法》,对独立董事有效履职做出明晰、合理的规定,使其有章可循、有法可依。比如本书所提及的康美药业财务欺诈案中,相对于在公司任职期间所取得的薪酬,独立董事的赔偿金额巨大,因此在独立董事赔偿金额方面也需要有明确的规定,比如赔偿金额与薪酬的比例等。同时,在严格管理独立董事的同时,不要给独立董事造成过大压力。

参考文献

［1］ACHARYA A G，POLLOCK T G. Shoot for the stars? predicting the recruitment of prestigious directors at newly public firms［J］. Academy of management journal，2013，56(5)：1396-1419.

［2］ADAMS R B，FERREIRA D. Women in the boardroom and their impact on governance and performance［J］. Journal of financial economics，2009，94(2)：291-309.

［3］ADAMS R B，HERMALIN B E，WEISBACH M S. The role of boards of directors in corporate governance：a conceptual framework and survey［J］. Journal of economic literature，2010，48(1)：58-107.

［4］ALEXANDER D，LUIGI Z. Control premiums and the effectiveness of corporate governance systems［J］. Journal of applied corporate finance，2004，16(2-3)：51-72.

［5］ANDREI S，ROBERT W V. Large shareholders and corporate control［J］. Journal of political economy，1986，94(3)：461-488.

［6］ANNUAR H A，ABDUL R，HAFIZ M. An investigation of the control role and effectiveness of independent non-executive directors in Malaysian public listed companies［J］. Managerial auditing journal，2015，30(6-7)：582-609.

［7］BARANCHUK N，DYBVIG P H. Consensus in diverse corporate boards［J］. The review of financial studies，2009，22(2)：715-747.

［8］BEASLEY M. An empirical analysis of the relation between the board of director composition and financial statement fraud [J]. Accounting review, 1996,71(10):443-465.

[9] BEDARD J, CHTOUROU S M, COURTEAU L. The effect of audit committee expertise, independence, and activity on aggressive earnings management [J]. Auditing: a journal of practice & theory, 2004,23(2): 13-35.

[10] BERMAN S. Ideas, norms, and culture in political analysis[J]. Comparative politics, 2001,33(2): 231-250.

[11] BHAGAT S, BOLTON B. Director ownership, governance, and performance [J]. Journal of financial and quantitative analysis, 2013,48(1):105-135.

[12] BHAGAT S,BLACK B. Non-correlation between board independence and long-term firm performance[J]. Journal of Corporation Law,2002,27(2): 231-273.

[13] BLISS M A. Does CEO duality constrain board independence? Some evidence from audit pricing[J]. Accounting & finance, 2011,51(2):361-380.

[14] BOATENG A,HUANG W. Multiple large shareholders, excess leverage and tunneling: evidence from an emerging market[J]. Corporate governance: an international review,2016(2):32-43.

[15] BROCHET F, SRINIVASAN S. Accountability of independent directors: evidence from firms subject to securities litigation[J]. Journal of financial economies, 2014,111(2):430-449.

[16] BUCHANAN B. Building organizational commitment: the socialization of managers in work organizations [J]. Administrative science quarterly, 1974,19(4): 533-546.

[17] BYRD J W, HICKMAN K A. Do outside directors monitor managers?: evidence from tender offer bids[J]. Journal of financial economics, 1992, 32(2): 195-221.

[18] CANAVAN J, JONES B, POTTER M J. Board tenure: how long is too long? [J]. Directors and boards, 2004,28(2): 39-42.

[19] CASHMAN G D,GILLAN S L,JUN C. Going overboard? on busy directors

and firm value［J］. Journal of banking and finance, 2012, 36（12）：3248-3259.

[20] CHANDAR N, KLEIN A, ZHENG X. Do multiple directorships for audit committee members influence financial reporting quality? ［R］. New York university working paper, 2012.

[21] CHANG S J. Ownership structure, expropriation, and performance of group-affiliated firms in Korea［J］. Academy of management journal, 2003, 46(2):238-253.

[22] CHEN G, HAMBRICK D C, POLLOCK T G. Puttin on the Ritz：pre-ipo enlistment of prestigious affiliates as deadline-induced remediation［J］. Academy of management journal, 2008,51(5)：954-975.

[23] CHEN L H, BAKER S P, BRAVER E R, et al. Carrying passengers as a risk factor for crashes fatal to 16-and 17-year-old drivers［J］. JAMA：the journal of the american medical association,2000,283(12)：1578-1582.

[24] CLAESSENS S, SIMEON D, JOSEPH F, et al. Disentangling the incentive and entrenchment effects of large shareholdings［J］. The journal of finance, 2002,57(6):2741-2771.

[25] COLES J L, HOI C K. New evidence on the market for directors：board membership and pennsylvania senate bill 1310［J］. The journal of finance, 2003,58(1):197-230.

[26] CONYON M, READ L E. A model of the supply of executives for outside directors［J］. Journal of corporate finance,2006,12(3):645-659.

[27] COOPER M J, GULEN H, OVTCHINNIKOV A V. Corporate political contributions and stock returns［J］. The journal of finance,2010,65（2）：687-724.

[28] CORE J E, ROBERT W H, DAVID F L. Corporate governance, CEO compensation,and firm performance［J］. Journal of financial economics,1999（51）：371-406.

[29] COTTER J F, SHIVADSANI A, ZENNER M. Do independent directors

enhance target shareholder wealth during tender offers? [J]. Journal of financial economics, 1997, 43(2): 195-218.

[30] DALTON D R, DAILY C M, CERTO S T, et al. Meta-analyses of financial performance and equity: fusion or confusion? [J]. Academy of management journal, 2003, 46(1): 13-26.

[31] DALTON D R, HITT M A, CERTO S T, et al. The fundamental agency problem and its mitigation: independence, equity, and the market for corporate control[J]. Academy of management annals, 2009, 1: 1-64.

[32] DAVID Y. Remuneration, retention, and reputation incentives for outside directors[J]. The journal of finance, 2004, 59(5): 2281-2308.

[33] HAMBRICK D C, WURTHMANN K A, WIESENFELD B M. The stigmatization and devaluation of elites associated with corporate failures: a process model [J]. Academy of management review, 2008, 33 (1): 231-251.

[34] DECHOW P M, SLOAN R G, SWEENEY A P. Detecting earnings management[J]. Accounting review, 1995: 193-225.

[35] DEFOND M L, HANN R N, HU X. Does the market value financial expertise on audit committees of boards of directors? [J]. Journal of accounting research, 2005, 43(2): 153-193.

[36] DIANE D K, McConnell J J. International corporate governance[J]. Journal of financial and quantitative analysis, 2003, 38(1): 11-36.

[37] DJANKOV S, LA P R, LOPEZ-DE-SILANES F, et al. The law and economics of self-dealing[J]. Journal of financial economics, 2008, 88(3): 430-465.

[38] DONALD C H, VILMOS F M, CHULJIN A. Park the quad model for identifying a corporate director's potential for effective monitoring: toward a new theory of board sufficiency[J]. Academy of management review, 2015, 40(3): 323-344.

[39] DONALD D B, KETCHEN DAVID J J, BOYD BRIAN K, et al. New frontiers of the reputation-performance relationship: insights from multiple

theories[J]. Journal of management,2010,36(3):620-632.

[40] DU J, HOU Q, TANG X. Does independent directors'monitoring affect reputation? evidence from the stock and labor markets[J]. China journal of accounting research, 2015,15(2):256-267.

[41] ELIEZER M F, ANIL S. Financial fraud, director reputation and shareholder wealth[J]. Journal of financial economics,2007,86(2): 306-336.

[42] EUGENE F F. Agency problems and the theory of the firm[J]. The journal of political economy, 1980,88(2):288-307.

[43] EUGENE F F,MICHAEL C J. Separation of ownership and control[J]. The journal of law and economics,1983,26(2):301-325.

[44] FAHLENBRACH R L A,STULZ R M. The dark side of outside directors: do they quit when they are most neded? [R]. Nber working papers, 2010.

[45] FAMA E,JENSEN F. Separation of ownership and control[J]. The journal of law and economics, 1983(26):301-326.

[46] FERRIS S P, MURALI J, ADAM C P. Too busy to mind the business? monitoring by directors with multiple board appointments[J]. Journal of finance, 2003,58(3):1087-1111.

[47] FICH E M,SHIVDASANI A. Are busy boards effective monitors? [J]. The journal of finance,2006,61(2):689-724.

[48] FIELD L,LOWRY M,ANAHIT M. Are busy boards detrimental? [J]. Journal of financial economics,2013,109:63-82.

[49] FIRTH M,WONG S,XIN Q Q, et al. Regulatory sanctions on independent directors and their consequences to the director labor market: evidence from China[J].Journal of business ethics, 2016,134(4): 693-708.

[50] FORBERG R. Outside directors and managerial monitoring[J]. Akorn business and economic review,1989(20):24-32.

[51] FORK J. Corporate governance and disclosure quality[J]. Accounting and business research, 1992(86):111-124.

[52] FRANCOIS B,SURAJ S. Accountability of independent directors: evidence

from firms subject to securities litigation［J］. Journal of financial economics,2014,111(2):430-449.

［53］ FRIEDMAN E，JOHNSON S，MITTON T. Propping and tunneling［J］. Journal of comparative economics,2003,31(4):732-750.

［54］ GORDON J N. The rise of independent directors in the United States，1950-2005: of shareholder value and stock market prices［J］. Stanford law review，2007,59(6): 1465-1568.

［55］ GUPTA M，FIELDS L P. Board Independence and corporate governance: evidence from director resignations［J］. Journal of business finance & accounting，2009,36(1-2):161-184.

［56］ HAMZAH A H，ZULKAFLI A H. Board diversity and corporate expropriation ［J］. Procedia-social and behavioral sciences，2014,164: 562-568.

［57］ HILLMAN A J，DALZIEL T. Boards of directors and firm performance: integrating agency and resource dependence perspectives［J］. Academy of management review,2003,28(3):383-396.

［58］ HOSKISSON R E，CASTLETON M W,WITHERS M C. Complementarity in monitoring and bonding: more intense monitoring leads to higher executive compensation［J］. Academy of management executive，2009,23(2):57-74.

［59］ HUANG J,KISGEN D J. Gender and corporate finance: are male executives overconfident relative to female executives? ［J］. Journal of financial economics,2013,108(3):822-839.

［60］ ISHII J,XUAN Y. Acquirer-target social ties and merger outcomes［J］. Journal of financial economics,2014,112(3):344-363.

［61］ JAMES A B，JEFFREY L C,JAMES S L. What happens to CEOs after they retire? new evidence on career concerns，horizon problems，and CEO incentives［J］. Journal of financial economics，1999,52(3):341-377.

［62］ JAMES D W,ITHAI S. The other pathway to the boardroom: interpersonal influence behavior as a substitute for elite credentials and majority status in obtaining board appointments［J］. Administrative science quarterly,2006,

51(2)：169-204.

[63] JARRAD H. Takeover bids and target directors' incentives：the impact ofa bid on directors wealth and board Seats[J]. Journal of financial economics，2003，69(1)：51-83.

[64] WESTPHAL J D，STERN I. Flattery will get you everywhere (especially if you are a male caucasian)：how ingratiation，boardroom behavior，and demographic minority status affect additional board appointments at U. S. companies [J]. Academy of management journal，2007，50(2)：267-288.

[65] JIANG G，LEE C M C，YUE H. Tunneling through intercorporate loans：the China experience[J]. Journal of financial economics，2010，98(1)：1-20.

[66] JIRAPORN P，SINGH M，LEE C I. Ineffective corporate governance：director busyness and board committee memberships[J]. Journal of banking and finance，2009，33(5)：819-828.

[67] JOHN F O，MICHAEL T A. Composing a balanced and effective board to meet new governance mandates[J]. The business lawyer，2004，59(2)：421-452.

[68] JOHN R H，GEORGE L，ROBERTO A W. Self-Interest through delegation：an additional rationale for the principal-agent relationship [J]. American economic review，2015，100(4)：1826-1846.

[69] JOHNSON S，BOONE P，BREACH A，et al. Corporate governance in the Asian financial crisis[J]. Journal of financial economics，2000，58(1/2)：141-186.

[70] JOSEPH A，WANG J W，YUAN H Q. Tunneling as an incentive for earnings management during the IPO process in China[J]. Journal of accounting and public policy，2010，29(1)：1-26.

[71] KATZ R. The effects of group longevity on project communication and performance[J]. Administrative science quarterly，1982：81-104.

[72] KIM D，STARKS L T. Gender diversity on corporate boards：do women contribute unique skills? [J]. The American economic review，2016，106

(5)：267-271.

[73] KIM K，MAULDIN E，PATRO S. Outside directors and board advising and monitoring performance[J]. Journal of accounting and economics,2014,57 (2-3):110-131.

[74] KING R R. An experimental investigation of self-serving biases in an auditing trust game:the effect of group affiliation[J]. The accounting review,2002,77 (2):265-284.

[75] KNYAZEVA A，KNYAZEVA D，MASULIS R W. The supply of corporate directors and board independence[J]. Review of financial studies,2013,26 (6):1561-1605.

[76] LA P R，LOPEZ-DE-SHLEIFER F，VISHNY R. Investor protection and corporate valuation[J]. Journal of finance,2002,57(3):1147-1170.

[77] LA P R，LOPEZ-DE-SILANES F，SHLEIFER A，et al. Legal determinants of external finance[J]. Journal of finance,1997,52:1131-1150.

[78] LA P R，LOPEZ-DE-SILANES F，SHLEIFER A. Corporate ownership around the world[J]. Journal of finance，1999,54:471-517.

[79] LA P R，LOPEZ-DE-SILANES F，SHLEIFER A. Investor protection and corporate governance[J]. Journal of financial economics,2000,58(1-2)： 3-27.

[80] LINS K. Equity ownership and firm value in emerging markets[J]. The journal of financial and quantitative analysis,2003,38(1):159-184.

[81] LIU G P，SUN J. Director tenure and independent audit committee effectiveness [J]. International research journal of finance and economics，2010(51)： 176-189.

[82] MARTIN L，JAY W L. A modest proposal for improved corporate governance [J]. Business lawyer,1992,48(1)： 59-77.

[83] MASULIS R W，MOBBS S. Are all inside directors the same? evidence from the external directorship market[J]. The journal of finance,2011,66 (3):823-872.

［84］MASULIS R W,MOBBS S. Independent director incentives：where do talented directors spend their limited time and energy? ［J］. Journal of financial economics,2014,111(2):406-429.

［85］MORCK R,SHLEIFER A,VISHNY R W. Management ownership and market valuation：an empirical analysis[J]. North-holland,1988,20(88):293-315.

［86］MORCK R，SHLEIFER A,VISHNEY R W. Management ownership and market valuation：an empirical analysis[J]. Journal of financial economics，1988,20(1-2):293-315.

［87］NAOTO I. When are uninformed boards preferable? ［J］. Pacific-basin finance journal,2017,46(Part A):191-211.

［88］NGUYEN B D, NIELSEN K M. The value of independent directors：evidence from sudden deaths［J］. Journal of financial economics, 2010, 98 (3)： 550-567.

［89］PEASNELL K V, POPE P F S Y. Board monitoring and earnings management：do outside directors influence abnormal accruals? ［J］. Journal of business finance& accounting，2005,32(7-8):1311-1346.

［90］PENG W Q, WEI K C J, YANG Z. Tunneling or propping：evidence from connected transactions in China[J]. Journal of corporate finance,2011,17(2):306-325.

［91］PENG M W. Outside directors and firm performance during institutional transitions[J].Strategic management journal,2004(25):453-471.

［92］PENG. Managerial ties and firm performance in a transition economy, the nature of a micromacro Link[J]. Academy of management journal, 2008(43)：486-501.

［93］POST C, BYRON K. Women on boards and firm financial performance：a meta-analysis[J]. Academy of management journal, 2015,58(5)： 1546-1571.

［94］RENEE B，A，DANIEL F. Women in the boardroom and their impact on governance and Performance[J]. Journal of financial economics,2009,94(2)：291-309.

[95] SANDRA C, PATRICIA C, ANTOINE R, et al. Independent directors: less informed but better selected than affiliated board members? [J]. Journal of corporate finance,2017(43): 106-121.

[96] SCHMIDT B. Costs and benefits of friendly boards during mergers and acquisitions[J]. Journal of financial economics,2015,117:424-447.

[97] SHIVDASANI A,YCRMACK D. CEO Involvement in the selection of new board members: an empirical analysis[J]. Journal of finance, 1999,54: 1829-1853.

[98] SHLEIFER A, VISHNY, R W. Large shareholders and corporate control [J]. Political econ,1986,94 (3):461-488.

[99] STERN I, WESTPHAL J D. Stealthy footsteps to the boardroom: executives' backgrounds, sophisticated interpersonal influence behavior, and board appointments[J]. Administrative science quarterly,2010,55(2):278-319.

[100] STRUM R Q. Gender discrimination before mandated quotas? evidence from norway: 1989-2002[J]. Scandinavian journal of management, 2015, 31(3):303-315.

[101] STUART C G. Bankruptcy, Boards, Banks, and Blockholders: evidence on changes in corporate ownership when firms default [J]. Journal of financial economics, 1990,27(2):355-387.

[102] SURAJ S. Consequences of financial r eporting failure for outside directors: evidence from accounting restatements and audit committee members[J]. Journal of accounting research,2005,43(2):291-334.

[103] TIAN J J, HALEBLIAN J J, RAJAGOPALAN N. The effects of board human and social capital on investor reactions to new CEO selection[J]. Strategic management journal,2011,32(7): 731-747.

[104] TIM B,NAHUM M,MENG X J. Board composition and CEO power[J]. Journal of financial economics,2014,112(1):53-68.

[105] TOD P, URS P. Board seat accumulation by executives: a shareholder's perspective[J]. The journal of finance, 2005,60(4):2083-2123.

[106] TORCHIA M, CALABRÒ A. Board of directors and financial transparency and disclosure. evidence from Italy[J]. Corporate governance: the international journal of effective board performance,2016,16(3): 593-608.

[107] VAFAEI A, AHMED K, MATHER P. Board diversity and financial performance in the top 500 australian firms[J]. Australian accounting review, 2015,25(4): 413-427.

[108] VAFEAS N. Length of board tenure and outside director independence [J]. Journal of business finance & accounting,2003,30(7-8):1043-1064.

[109] VANIA S, MERYEM D, GIUSEPPE L, et al. Board independence,corruption and innovation:some evidence on UK subsidiaries[J].Journal of corporate finance,2018,50:22-43.

[110] VLADIMIR A, BENRNARD B, CONRAD S C. Un-bundling and measuring tunneling[J]. Ssrn electronic journal, 2008,2014 (5) :1697-1738.

[111] WALTHER A, WALTHER A, MOLTNER H, et al. Non-executive director's motivation to continue serving on boards: a self-determination theory perspective[J]. Corporate governance: the international journal of business in society,2017,17(1):64-76.

[112] WANG K, XIAO X. Controlling shareholder's tunneling and executive compensation: evidence from China[J]. Journal of accounting and public policy,2011,30:89-110.

[113] CHEN W, LI S M, CHEN X B. How much control causes tunneling? evidence from China[J]. China journal of accounting research,2017,10 (3):231-245.

[114] WITHERS M C,HILLMAN A J,CANNELLAJR A A. A multidisciplinary review of the director selection literature[J]. Journal of management, 2012,38(1):243-277.

[115] XI J F, YU P Y. The study on transfer of the control right and it's related operating performance and earnings management[J]. Nankai business review,2006,9(4):42-48.

[116] YOSHIKAWA T, ZHU H, WANG P. National governance system, corporate ownership, and roles of outside directors: a corporate governance bundle perspective[J]. Corporate governance: an international review, 2014,22 (3): 252-265.

[117] YOSHIRO M J, MARK R. Corporate governance in transitional economies: lessons from the prewar Japanese cotton textile industry,[J]. The journal of legal studies, 2000,29(1):171-203.

[118] ZAJAC E J, WESTPHAL J D. Director reputation, CEO-board power, and the dynamic of board interlock [J]. Administrative science quarterly, 1996,41(3):507-529.

[119] 敖阳利.独立董事如何独立安全履职[N].中国财经报,2022-01-25(005).

[120] 蔡春,唐凯桃,薛小荣.会计专业独立董事的兼职席位、事务所经历与真实盈余管理[J].管理科学,2017,30(4):30-47.

[121] 蔡志岳,吴世农.董事会特征影响上市公司违规行为的实证研究[J].南开管理评论,2007,10(6):62-68.

[122] 曹伦,陈维政.独立董事履职影响因素与上市公司违规行为的实证研究[J].软科学,2008(11):138-142.

[123] 陈冬华,相加凤.独立董事只能连任 6 年合理吗?:基于我国 A 股上市公司的实证研究[J].管理世界,2017(5):144-157.

[124] 陈海声,王华宾,陈宁,等.媒体关注对大股东掏空行为的监督作用研究[J].会计之友,2018(12):49-54.

[125] 陈汉文,廖方楠,韩洪灵.独立董事联结与内部控制对盈余管理的治理效应[J].经济管理,2019,41(5):171-191.

[126] 陈汉文,周中胜.内部控制质量与企业债务融资成本[J].南开管理评论,2014(3):103-111.

[127] 陈家乐.完善独立董事制度规范企业盈余管理[J].会计之友,2010(17):15-17.

[128] 陈维政,曹伦,李琳,等.独立董事的津贴激励与上市公司违规行为的关系研究:以中国上市公司为例[J].战略管理,2010(2):69-74.

[129] 陈险峰,任洋虬,胡珺.多个大股东与独立董事超额聘任[J].海南大学学报（人文社会科学版）,2021,39(1):52-61.

[130] 陈艳利,姜艳峰,信志鹏.股权集中度与股利平稳性:基于大股东掏空假说的分析和检验[J].山西财经大学学报,2020,42(9):85-98.

[131] 丛春霞.我国上市公司董事会设置与公司经营业绩的实证研究[J].管理世界,2004(11):142-143.

[132] 邓博夫,董雅浩.独立董事持股与履职积极性:基于独立意见的经验证据[J].当代财经,2021(1):73-85.

[133] 邓可斌,周小丹.独立董事与公司违规:合谋还是抑制[J].山西财经大学学报,2012(11):84-94.

[134] 丁明发,周光磊,张晓艳,等.女性董事对上市公司大股东掏空的抑制作用:基于中国市场的实证研究[J].金融与经济,2020(10):57-63.

[135] 丁振松.民营企业控制人股权减持对大股东掏空的影响研究[J].商业经济研究,2021(2):163-166.

[136] 董志强,蒲勇健.掏空、合谋与独立董事报酬[J].世界经济,2006(6):71-82.

[137] 窦炜,刘星,安灵.股权集中、控制权配置与公司非效率投资行为:兼论大股东的监督抑或合谋?[J].管理科学学报,2011,14(11):81-96.

[138] 杜兴强,殷敬伟,赖少娟.论资排辈、CEO任期与独立董事的异议行为[J].中国工业经济,2017(12):151-169.

[139] 方重.上市公司独立董事,独立吗?懂事否?[J].清华金融评论,2021(9):33-39.

[140] 傅穹,曹理.独立董事勤勉义务边界与免责路径[J].社会科学,2011(12):111-117.

[141] 高雷,何少华,黄志忠.公司治理与掏空[J].经济学（季刊）,2006,5(3):1157-1178.

[142] 高玥.独立董事选任机制对董事会监督有效性影响分析[J].经济纵横,2009(10):102-104.

[143] 葛丰.独立董事制度改革创新正当时[J].中国经济周刊,2021(22):3.

[144] 郭放,王立彦.独立董事特征与两个任期内监督效果变化[J].产业经济评

论,2018(2):69-85.

[145] 郭孟竺,王艳丽.大股东掏空及其治理分析[J].财会通讯,2018(17):55-58.

[146] 郭志勇.股权制衡:合谋还是监督?:基于创业板上市公司的经验证据[J].中国注册会计师,2013(8):37-45.

[147] 韩晴.独立董事治理与声誉回报:基于累积投票选举的分析[J].暨南学报(哲学社会科学版),2016,38(3):95-104,131-132.

[148] 何卓静,王新,曾攀.交易所年报问询与独立董事履职行为研究[J].南开管理评论,2023,26(3):64-74.

[149] 侯晓红,李琦,罗炜.大股东占款与上市公司盈利能力关系研究[J].会计研究,2008(6):77-84,96.

[150] 侯晓红.大股东对上市公司掏空与支持的经济学分析[J].中南财经政法大学学报,2006(5):120-125,144.

[151] 胡晨.声誉视角下独立董事与公司价值间的作用机理研究[J].财会通讯,2018(36):56-59.

[152] 胡元木,刘佩,纪端.技术独立董事能有效抑制真实盈余管理吗?:基于可操控 R&D 费用视角[J].会计研究,2016(3):29-35,95.

[153] 黄海杰,吕长江,丁慧.独立董事声誉与盈余质量:会计专业独立董事的视角[J].管理世界,2016(3):128-143,188.

[154] 黄俊,丁竹,位豪强.公司选聘关系型独立董事仅是任人唯亲吗?:基于商业关系维护视角的分析[J].财经研究,2018,44(8):128-140.

[155] 黄志忠,郗群.薪酬制度考虑外部监管了吗:来自中国上市公司的证据[J].南开管理评论 2009,12(1):49-56.

[156] 贾明,张品,万迪昉.控制性股东侵占行为及其负外部性研究[J].管理科学学报,2010,13(1):70-77.

[157] 江新峰,张敦力,李欢."忙碌"独立董事与企业违规[J].会计研究,2020(9):85-104.

[158] 姜鑫.康美案激发董责险咨询高峰　上市公司会"标配"吗?[N].经济观察报,2021-12-06(012).

[159] 康美药业案对股市治理的意义是什么[N].中国经营报,2021-12-27(A01).

[160] 况学文,陈俊.董事会性别多元化、管理者权力与审计需求[J].南开管理评论,2011(6):48-56.

[161] 李常青,赖建清.董事会特征影响公司绩效吗？[J].金融研究,2004(5):64-77.

[162] 李建标,殷西乐,任雪.实验市场中的审计博弈与审计质量:审计师声誉和企业内部监督的比较制度实验研究[J].财经研究,2015,41(10):132-144.

[163] 李敏娜,王铁男.董事网络、高管薪酬激励与公司成长性[J].中国软科学,2014(4):138-148.

[164] 李明,叶勇.媒体负面报道对控股股东掏空行为影响的实证研究[J].管理评论,2016(1):73-82.

[165] 李婉丽,吕怀立,陈丽英.不同性质控股股东"掏空"方式选择研究[J].山西财经大学学报,2008(11):53-58.

[166] 李维安,牛建波,宋笑扬.董事会治理研究的理论根源及研究脉络评析[J].南开管理评论,2009(1):130-145.

[167] 李延喜,吴笛,肖峰雷,等.声誉理论研究述评[J].管理评论,2010,22(10):3-11.

[168] 李妍锦,冯建.基于内生性视角的大股东掏空与公司绩效关系研究[J].财经科学,2016(10):81-90.

[169] 李焰,秦义虎.媒体监督、声誉机制与独立董事辞职行为[J].财贸经济,2011(3):36-41,60,136.

[170] 李有根,赵西萍,李怀祖.上市公司的董事会构成和公司绩效研究[J].中国工业经济,2001(5):48-53.

[171] 李增泉,孙铮,王志台."掏空"与所有权安排[J].会计研究,2004(12):27-31.

[172] 李志辉,杨思静,孟焰.独立董事兼任:声誉抑或忙碌:基于债券市场的经验证据[J].审计研究,2017(5):96-103.

[173] 连兵,徐晓莉.上市公司高管年龄、性别与企业绩效的关系研究[J].商,2015,23:33,54.

[174] 连燕玲,贺小刚,张远飞,等.危机冲击、大股东"管家角色"与企业绩效:基于

中国上市公司的实证分析[J].管理世界,2012(9):142-155.

[175] 刘诚,杨继东.独立董事的社会关系与监督功能:基于 CEO 被迫离职的证据[J].财经研究,2013,39(7):16-26.

[176] 刘凤茹.康美案宣判满月　逾 60 股独立董事辞职[N].北京商报,2021-12-13(006).

[177] 刘少波,马超.经理人异质性与大股东掏空抑制[J].经济研究,2016(4):129-145.

[178] 刘为权.我国上市公司大股东资金占用的后果与对策研究[J].会计师,2017(21):24-25.

[179] 刘绪光,李维安.基于董事会多元化视角的女性董事与公司治理研究综述[J].外国经济与管理,2010,32(4):47-53.

[180] 刘颖斐,陈亮.独董与其他高管的公司治理作用有差异吗?:基于政治关联与审计契约视角的检验[J].审计与经济研究,2015(1):36-45.

[181] 罗昆.掏空、合谋与股权制衡:基于博弈的分析视角[J].南京审计学院学报,2015,12(4):89-95.

[182] 马超.大股东掏空行为研究述评:兼论融资融券制度的公司治理作用[J].财会月刊,2019(23):32-42.

[183] 马如静,唐雪松.独立董事声誉机制有效性:理论与证据[J].会计之友,2011(31):12-17.

[184] 毛建辉.独立董事声誉能抑制大股东掏空行为吗?:基于中小板的经验数据[J].南京审计大学学报,2018,15(5):66-74.

[185] 宁向东,崔弼洙,张颖.基于声誉的独立董事行为研究[J].清华大学学报(哲学社会科学版),2012,27(1):129-136,161.

[186] 曲亮,章静,郝云宏.独立董事如何提升企业绩效:立足四层委托—代理嵌入模型的机理解读[J].中国工业经济,2014(7):109-121.

[187] 全怡,郭卿."追名"还是"逐利":独立董事履职动机之探究[J].管理科学,2017,30(4):3-16.

[188] 冉鑫.独立董事兼任、履职行为与企业盈余质量[D].长春:吉林大学,2019.

[189] 史春玲.独立董事出席会议与发表意见:合规性履职还是有效性履职[J].财

会月刊,2020(14):122-129.

[190] 孙亮,周琳.女性董事、过度投资与绩效波动:基于谨慎性视角的研究[J].管理评论,2016,28(7):165-178.

[191] 谭劲松,徐伟航,秦帅,等.资源依赖与董事会结构:基于高校上市公司的研究[J].会计与经济研究,2019,33(4):3-26.

[192] 唐建新,李永华,卢剑龙.股权结构、董事会特征与大股东掏空[J].经济评论,2013(1):86-94.

[193] 唐雪松,杜军,申慧.独立董事监督中的动机:基于独立董事意见的经验证据[J].管理世界,2010(9):138-149.

[194] 万良勇,邓路,郑小玲.网络位置、独立董事治理与公司违规:基于部分可观测 BivariateProbit 模型[J].系统工程理论与实践,2014(12):3091-3102.

[195] 汪曦.董事会多样性对大股东掏空的影响研究[D].杭州:浙江工商大学,2018.

[196] 王兵.独立董事监督了吗?:基于中国上市公司盈余质量的视角[J].金融研究,2007(1):109-121.

[197] 王冀宁,李心丹.大股东侵占行为动因剖析及其对国有产权改革的借鉴意义[J].经济管理,2006(16):21-25.

[198] 王建琼,陆贤伟.董事声誉、繁忙董事会与信息披露质量[J].审计与经济研究,2013(4):67-74.

[199] 王凯,武立东,许金花.专业背景独立董事对上市公司大股东掏空行为的监督功能[J].经济管理,2016(11):72-91.

[200] 王亮亮.控股股东"掏空"与"支持":企业所得税的影响[J].金融研究,2018(2):172-189.

[201] 王清.上市公司财务报表舞弊与审计失败:基于康美药业的案例分析[J].老字号品牌营销,2022(1):169-172.

[202] 王曙光,董洁.康美药业财务舞弊案例分析:基于审计失败的视角[J].财会通讯,2020(23):116-120.

[203] 王晓丹.财务独立董事对企业风险承担水平的影响研究[J].财会通讯,2021(6):51-55.

[204] 王跃堂,赵子夜,魏晓雁.董事会的独立性是否影响公司绩效？[J].经济研究,2006(5):62-73.

[205] 王运通,姜付秀.多个大股东能否降低公司债务融资成本[J].世界经济,2017,40(10):119-143.

[206] 魏刚,肖泽忠,NICK T,等.独立董事背景与公司经营绩效[J].经济研究,2007(3):92-105.

[207] 吴红军,吴世农.股权制衡、大股东掏空与企业价值[J].经济管理,2009(3):44-52.

[208] 吴少龙.重构问责体系　推动独立董事制度从有到优[N].证券时报,2021-12-02(A05).

[209] 吴先聪.内部控制人阻碍下独立董事制度的出路在哪?:一个文献综述[J].西南政法大学学报,2019,21(2):138-151.

[210] 吴育辉,吴世农.股票减持过程中的大股东掏空行为研究[J].中国工业经济,2010(5):121-130.

[211] 萧维嘉,王正位,段芸.大股东存在下的独立董事对公司业绩的影响:基于内生视角的审视[J].南开管理评论,2009,12(2):90-97.

[212] 谢获宝,丁龙飞,廖珂.海外背景董事与债务融资成本:基于董事会咨询和监督职能的中介效应[J].管理评论,2019,31(11):202-211.

[213] 谢志华,粟立钟,王建军.独立董事的功能定位[J].会计研究,2016(6):46-54.

[214] 邢会强.证券市场虚假陈述中的勤勉尽责标准与抗辩[J].清华法学,2021,15(5):69-85.

[215] 严继超,刘瑞涵.控股股东掏空、投资者保护与企业价值综述:基于 LLSV 研究范式的视角[J].财会通讯,2014(36):44-49,129.

[216] 叶飞洋,朱玲芳.小股东控制结构、控股股东利益合谋与掏空:基于时代科技的案例思考[J].财会月刊,2012(7):76-79.

[217] 叶康涛,祝继高,陆正飞,等.独立董事的独立性:基于董事会投票的证据[J].经济研究,2011,46(1):126-139.

[218] 俞红海,徐龙炳.终极控股股东控制权与全流通背景下的大股东减持[J].财

经研究,2010,36(1):123-133.

[219] 原东良,周建.地理距离对独立董事履职有效性的影响:基于监督和咨询职能的双重视角[J].经济与管理研究,2021,42(2):122-144.

[220] 岳殿民,李雅欣.法律背景独立董事声誉、法律环境与企业违规行为[J].南方金融,2020(2):22-31.

[221] 昝秀丽.独立董事相关规则将有更具体安排[N].中国证券报,2021-11-30(A01).

[222] 昝秀丽.证监会:进一步明晰独立董事权责边界[N].中国证券报,2021-12-06(A02).

[223] 张程.康美案后独立董事能"懂事"吗[J].检察风云,2021(24):36-37.

[224] 张敦力,王沁文."包庇"抑或"蒙蔽":由上市公司财务欺诈反观独立董事问责之困[J].财会月刊,2022(4):16-22.

[225] 张婷婷.独立董事勤勉义务的边界与追责标准:基于15件独立董事未尽勤勉义务行政处罚案的分析[J].法律适用,2020(2):84-96.

[226] 赵国宇,禹薇.大股东持股、董事会争夺与合谋掏空:来自民营上市公司的经验证据[J].会计之友,2019(11):59-66.

[227] 郑国坚.基于效率观和掏空观的关联交易与盈余质量关系研究[J].会计研究,2009(10):68-76.

[228] 郑莉莉,郑建明.制度环境、审计声誉机制与收费溢价[J].审计研究,2017(5):78-86.

[229] 郑志刚,阚铄,黄继承.独立董事兼职:是能者多劳还是疲于奔命[J].世界经济,2017,40(2):153-178.

[230] 郑志刚,张俊强,黄继承,等.独立董事否定意见发表与换届未连任[J].金融研究,2016(12):159-174.

[231] 支晓强,童盼.盈余管理、控制权转移与独立董事变更:兼论独立董事治理作用的发挥[J].管理世界,2005(11):137-144.

[232] 周建以,罗肖依,张双鹏.独立董事个体有效监督的形成机理:面向董事会监督有效性的理论构建[J].中国工业经济,2016(5):109-126.

[233] 周泽将,高雅.独立董事本地任职抑制了大股东掏空吗?[J].中央财经大学

学报,2019(7):103-114.

[234] 周泽将,胡琴,修宗峰.女性董事与经营多元化?[J].管理评论,2013,27
　　　(4):132-143.

[235] 周泽将,刘中燕.中国独立董事声誉机制的有效性研究:基于违规处罚市场
　　　反应视角的经验证据[J].中央财经大学学报,2015(8):102-112.

[236] 周泽将,卢倩楠,雷玲.独立董事薪酬激励抑制了企业违规行为吗?[J].中
　　　央财经大学学报,2021(2):102-117.

[237] 朱雅琴,姚海鑫.独立董事、审计委员会与信息透明度:来自深圳证券交易所
　　　A股上市公司的经验证据[J].东北大学学报,2011(3):37-42.

[238] 祝继高,叶康涛,陆正飞.谁是更积极的监督者:非控股股东董事还是独立董
　　　事?[J].经济研究,2015,50(9):170-184.

[239] 祝继高,叶康涛,严冬.女性董事的风险规避与企业投资行为研究:基于金融
　　　危机的视角[J].财贸经济,2012(4):50-58.

附录　实验说明[①]

　　你好,欢迎你参加本次实验,这是一个有真实货币报酬的管理学实验。在实验中,你的收益取决于你与其他实验参与者的决策,报酬以 G＄(Game Dollar)的形式呈现,实验结束后我们会按照一定的比例将你在实验中获得的报酬折算为人民币兑付给你。只要你认真地按照要求做出选择,就可得到相应的报酬。

　　这份实验说明将提供给您本次实验所涉及的信息,请仔细阅读,务必充分理解。实验过程中你不能与其他参与者有任何形式的交流,不能使用手机、计算器等设备,有任何疑问请举手示意实验主持人。

一、实验过程概述

　　本实验有两类参与者:A 和 B。另外,外部监管者由实验主持人扮演。

　　A 是资产所有者之一, A 得到固定收益 Y(48G＄),在具体的行动过程中,A还可以通过侵占行为 t 得到一定比例的共有收益 M(350G＄),以及额外收益 $E=t \times M$。一旦 B 或者外部监管者发现 A 的侵占行为,A 就会失去额外收益 E,并且会被处以惩罚 $P=2.25 \times t^2 M$。

　　B 是监督者,其基本报酬为 X(4G＄),B 的职责是监督 A 的行为以保护共有收益 M 不受 A 侵犯,监督成本 C 与监督力度 f_{ID} 正相关,即 $C=2.5 \times (f_{ID})^2$。B 发现

---

　　①　以"选聘＋声誉实验"中 A 参与者的实验说明为例。

A 侵占行为的概率 q 与 B 的监督力度 f_{ID} 有关，即 $q=0.6\times f_{ID}$。外部监管者发现 A 侵占行为的概率 $\lambda=0.3$。若 B 未能发现 A 的侵占行为而外部监管者发现了 A 的侵占行为，则 B 会受到惩罚，惩罚额 D 与 A 的侵占数额有关，计算公式为 $0.07\times M\times t$。

实验共开展 15 轮，每一轮的实验包含 3 个时段。

时段一：B 类型参与者确定预期监督力度 f_{ID}（即对 A 侵占比例 t 的预期），A 类型参与者根据此信息选择想要与之配对的 B，单个 B 可以与若干个 A 配对。如果没有被 A 选择，则 B 在此阶段轮空待定，收益即为 0。

时段二：B 类型参与者针对每个配对的 A 确定一个监督力度。3 种信念 f_{ID} 依次为 0.25、0.5 和 0.75，只能选择 3 个选项中的一个。

时段三：开始时，A 类型参与者会看到自己小组中 B 确定的监督力度，之后 A 需要进行侵占，3 种侵占行动 t（A 侵占 M 的比例）依次为 0.25、0.50 和 0.75，只能选择 3 个选项中的 1 个。

你是参与者 A，实验过程中你会知晓 B 选择的监督力度，根据此信息你可以选择想要与之配对的 B。在第 5、10 轮结束后，当前阶段受罚最多的 B 和累计受到惩罚最多的 B 分别被通报。此时，配对的 B 将再次给出后续拟选择的监督力度，你将拥有新的选择机会，你可以选择与配对的 B 继续合作，或是选择其他的参与者 B。在重新选择之前，A 和 B 的配对关系保持不变。每一轮由配对的 B 先做出决策，A 根据 B 的决策做出决策，双方的决策共同决定各自的收益。

对 A 而言，行动决定收益的数额，配对的 B 决定每种收益额发生的概率；对 B 而言，B 对 A 行动的监督力度决定他的基本收益及受到惩罚的概率，A 的行动决定 B 受到惩罚的数额。每组配对的 A、B 收益决定过程如图 1 所示。

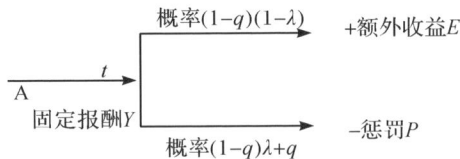

图 1 A 的收益决定过程

实验中使用的符号的含义见表 1。

表 1 符号含义一览表

参与者角色	符号	符号表示的含义
B	X	B 的固定报酬，$X = 4G\$$
	f_{ID}	B 对 A 侵占行为的监督水平，即 B 认为 A 所选择的侵占比例，也就是 B 的监督力度，$f_{ID}1 = 0.25$，$f_{ID}2 = 0.50$，$f_{ID}3 = 0.75$
	$q(f_{ID})$	B 发现 A 侵占的概率，$q(f_{ID}) = 0.6 \times f_{ID}$
	$C(f_{ID})$	B 监督的成本和监督的力度正相关，$C(f_{ID}) = 2.5 \times (f_{ID})^2$
	$D(f_{ID})$	外部监管者给予监督失败的 B 的惩罚，$D(f_{ID}) = 0.07 \times M \times t$
A	Y	A 的固定报酬，$Y = 48G\$$
	M	应当归资产所有者的共有收益，$M = 350G\$$
	t	A 的侵占比例，$t_1 = 0.25$，$t_2 = 0.50$，$t_3 = 0.75$
	$E(M, t)$	A 通过侵占获得的收益，$E(M, t) = t \times M$
	$P(M, t)$	当 B 或外部监管者发现 A 的侵占行为时 A 受到的惩罚，$P(M, t) = 2.25 \times t^2 M$
外部监管者	λ	外部监管者发现 A 侵占的概率，$\lambda = 0.3$

二、收益的计算

(1) B 的监督力度选择与收益。

当 B 未与 A 配对时，其单轮收益为 0；当 B 与 A 配对时，其针对配对 A 的每一项决策的收益计算方法一致，单轮最终受益为所有决策收益加总。

B 的收益包括基本收益和可能的惩罚，基本收益的数额由 B 选择的监督力度决定，而惩罚的数额由 A 的行动决定：基本收益是固定报酬扣除监督成本，即基本收益 $= X - C$。监督成本随着 f_{ID} 的增加而逐渐增加，基本收益则随之逐渐减小。

①当 B 发现 A 的侵占行为，或是 B 和外部监管者都未发现 A 的侵占行为时，B 不会受到惩罚，此时 B 的净收益即 $X - C = 4 - 2.5 \times (f_{ID})^2$。

②当 B 未发现 A 的侵占行为而外部监管者发现 A 的侵占行为时，B 会受到惩

罚。惩罚额 D 由 A 的行动决定,随着 A 所选的侵占比例逐渐增加,B 的惩罚额也逐渐增加,净收益($X-C-D$)则逐渐减少。而对于 B 是否受到惩罚,是由 B 选择的监督力度 f_{ID} 所决定的:当 B 成功发现 A 的侵占行为或 B 和外部监管者都未发现 A 的侵占行为时[概率为 $q+(1-q)(1-\lambda)$],B 不会受到惩罚;当 B 没有发现 A 的侵占行为却被外部监管者发现时[概率为 $(1-q)\lambda$],B 会受到惩罚。随着 f_{ID} 的增加,B 不受惩罚的概率增加。

B 被惩罚时的净收益计算公式为:$X-C-D=4-2.5\times(f_{ID})^2-0.07\times350\times t$。

A、B 做出不同决策时,B 单项决策的净收益额如表 2 所示。

表 2　B 的净收益额

A	监督力度 1(0.25)		监督力度 2(0.50)		监督力度 3(0.75)	
	无惩罚	惩罚	无惩罚	惩罚	无惩罚	惩罚
行动 1(0.25)	3.844	−2.281	3.375	−2.75	2.594	−3.531
行动 2(0.50)		−8.406		−8.875		−9.656
行动 3(0.75)		−14.531		−15		−15.781

(2)A 的行动选择和收益。

A 的收益除了固定报酬 Y 以外,还包括额外收益和惩罚。A 的行为会同时受到 B 和外部监管者的监督,B 发现 A 的侵占行为的概率为 q,其随着 B 监督力度的提高而增加,外部监管者发现 A 的侵占行为的概率为 λ。

①若参与者 B 和外部监管者均未发现 A 的侵占行为[概率为 $(1-q)(1-\lambda)$],那么 A 可以获得额外收益,此时其净收益额为 $Y+M\times t=48+350\times t$。

②若 B 和外部监管者中有一方发现了 A 的侵占行为[概率为 $q+(1-q)\lambda$],那么 A 将失去侵占收益 E,并受到一定的惩罚 P,此时 A 的净收益额为 $Y-P=48-2.25\times350\times t^2$。

A、B 做出不同决策时,A 的净收益额如表 3 所示。

表 3　A 的净收益额

净收益额	行动 1(0.25)		行动 2(0.50)		行动 3(0.75)	
	无惩罚	惩罚	无惩罚	惩罚	无惩罚	惩罚
135.5	−1.22	223	−148.88	310.5	−394.97	

三、收益的显示

每一轮结束,实验人员都会告知你有无惩罚及净收益情况(这是你的私人信息,请不要与他人交流,如有关于此信息的疑问,请单独向实验主持人咨询)。正式实验前 5 轮、10 轮、15 轮结束后,我们会对该阶段受罚最多的 B 和累计受到惩罚最多的 B 予以通报。之后我们会告知 B 重新做出期望决策,A 可以选择与之前配对的 B 继续合作或是更换配对的 B。正式实验 15 轮结束时,实验主持人会把每个参与者各轮的收益进行加总,基于实验收益按照一定的比例支付报酬。

谢谢你的参与!